TRANSSIB & Co.

Kristiane Müller-Urban / Eberhard Urban

Die Eisenbahn in Russland und der Sowjetunion

trans press

Einbandgestaltung: Luis dos Santos
Fotos: ©Lexanda - stock.adobe.com (Frontcover), ©perekotypole - stock.adobe.com (Rückseite)

Bildnachweis: siehe Seite 156

ISBN 978-3-613-71594-3

1. Auflage 2019

Sie finden uns im Internet unter www.transpress.de

Lektor: Hartmut Lange
Innengestaltung: grafik+design Erlewein, Stuttgart
Repro: grafik+design Erlewein
Druck und Bindung: Conzella Verlagsbuchbinderei,
85609 Aschheim-Dornach
Printed in Germany

TRANS &

Inhalt

4   Vorwort

6   Die Anfänge der russischen Eisenbahn

14   Die Eisenbahn erobert Russland

22   Die russischen Lokomotivfabriken

28   Verstaatlichung der Privatbahnen unter Zar Alexander III.

32   Bau der Transsibirischen Eisenbahn

40   Lenins Rückkehr mit der Eisenbahn 1917

50   Die Eisenbahn im Bürgerkrieg

60   Der Wiederaufbau der russischen Eisenbahn

64   Die 1920er Jahre: In Deutschland werden sowjetische Lokomotiven gebaut

78   Die Fünfjahrespläne 1928 bis 1990

90   Die Eisenbahn im Zweiten Weltkrieg

98   Auf einem langen Weg – die BAM Baikal-Amur-Magistrale und ihr Bau

106   Die SBZ/DDR und sowjetische Eisenbahn

114   Pioniereisenbahnen: Eisenbahner werden – ein Kindertraum

124   Die Transsib als Touristenzug – authentisch oder luxuriös

150   Die Eisenbahn im Film

155   Literaturverzeichnis

157   Ein Überzeugungstäter: Bücher aus Leidenschaft

SIB
Co.

Vorwort

Letzter Glanz: Die zwischen 1954 und 1956 gebauten 251 Exemplare Baureihe P 36 waren die letzten Dampfloks, die in der Sowjetunion für den Reisezugverkehr beschafft wurden. P 36-0123 wird heute im Oldtimer Museum Rügen für die Nachwelt erhalten.

Die industrielle Revolution, ein vor allem von Friedrich Engels geprägter Begriff, wälzte die Produktion um. Was früher in Heimarbeit, Handwerk und Manufakturen produziert worden war, wurde zunehmend in Fabriken hergestellt. Mit den technischen und technologischen Änderungen gingen auch ökonomische und soziale Veränderungen einher. Durch neue Maschinen und die Dampfkraft begann in England um 1785 die industrielle Revolution in der Textilindustrie, erfasste die Eisenbearbeitung, den Bergbau und andere Bereiche, schließlich das Verkehrswesen mit Dampfschiffen und Eisenbahnen. Die industrielle Revolution breitete sich weltweit aus, griff auch auf das riesige Russland über.

Schienenwege bieten zwei große Vorteile: Steuerungsfreiheit und Reduzierung der Reibung. Frühe Kulturen machten sich schon diese Vorteile zunutze; in den Felsgrund geschliffene Schienen sind zum Beispiel in Griechenland und auf Malta erhalten. Das Wissen um diese Technologie ging für lange Zeiten verloren. Erst um das Jahr 1500 wurde in Deutschland die Nützlichkeit von Schienenwegen wieder entdeckt. Auf hölzernen Schienen liefen die Karren in den engen Stollen der Bergwerke, von Pferde- oder Menschenkraft, oft von Kindern, angetrieben.

In England führten Pferdebahnen von den Kohlengruben zu den Häfen. Eine wichtige Verbesserung war ab 1750 die Ersetzung der hölzernen Wagenräder durch gusseiserne, eine weitere die Herstellung eiserner Schienen ab 1767.

Die Nutzung der Dampfkraft als Antriebskraft für Schienenfahrzeuge brachte den Durchbruch. Nach vielen Experimenten und Erfindungen verschiedener Techniker hatte James Watt 1765 die erste richtig funktionierende Dampfmaschine in England erfunden. Nun bastelten Konstrukteure an selbstfahrenden Dampfmaschinen. Richard Trevithick baute schließlich eine Lokomotive, die 1804 ihre Fahrt auf Schienen absolvierte. Einer der erfolgreichen Lokomotivbauer war Georg Stephenson, der seine erste Lokomotive 1825 »Locomotion« nannte. Er wehrte sich dagegen, als Erfinder der Lokomotive genannt zu werden: »Die Lokomotive ist nicht die Erfindung eines einzelnen, sondern die einer ganzen Generation von Ingenieuren.«

Die Geschichte der Eisenbahn ist eine internationale, in der die Entwicklung nicht auf einzelne Menschen und Länder begrenzt ist. Das Zusammenspiel vieler Menschen und Institutionen befördert seit jeher die Eisenbahn in aller Welt. Der Anteil der russischen und sowjetischen Ingenieure und ihrer Leistungen, die oft nicht genügend gewürdigt werden, darzustellen, ist eine Aufgabe dieses Buches. Es will nicht zuletzt ermuntern, das Abenteuer Transsibirische Eisenbahn zu erleben. So schließt sich der Bogen von der Historie zur Gegenwart.

Ohne die Hilfe vieler lieber Menschen und freundlicher Institutionen und Firmen hätte dieses Buch nicht entstehen können. Wir danken von den Paul Pietsch Verlagen der Verlegerin Dr. Patricia Scholten und dem Geschäftsführer Dr. Andreas Geiger, die dieses Buch verlegen, dem Lektor Hartmut Lange für seine Kompetenz und tatkräftige Mitarbeit und Kornelia Erlewein für die exzellente Gestaltung des Buches.

Kristiane Müller-Urban . Eberhard Urban

Die Anfänge der russischen Eisenbahn

Start der ersten Eisenbahn Russlands: Eröffnungszug der Zarskoje Selo-Bahn (siehe Seite 10).

Russland, die heutige Russische Föderation, hat eine Fläche von 17 075 400 Quadratkilometern. Die Sowjetunion, die Union der Sozialistischen Sowjetrepubliken, hatte eine Ausdehnung von etwa 22 400 000 Quadratkilometern. Der Güter- und Personenverkehr erfolgte früher mit Kutschen, im Winter mit Schlitten. Wichtige Verkehrswege waren die Flüsse und die Kanäle. Hier wurden die Lastkähne oft von Pferden oder Menschen gezogen. Die fortschreitende Industrialisierung – am Ende des 18. Jahrhunderts gab

es schon 2000 Manufakturen, in denen etwa 200 000 Arbeiter beschäftigt waren – verlangte nach neuen Transportmitteln. Um 1750 war Russland der größte Roheisenproduzent der Welt, die Baumwoll-, Tuch- und Lederindustrie entwickelte sich schnell, viele Betriebe zur Verarbeitung landwirtschaftlicher Erzeugnisse entstanden. Der wachsende technische Fortschritt geriet in Widerspruch zu dem feudalen Gesellschaftssystem mit seiner Leibeigenschaft, es kam zu einer permanenten Krise.

Zahlreiche Forscher, Ingenieure und Wissenschaftler suchten den Fortschritt in Russland zu beschleunigen. Besonders ist Michail Wassiljewitsch Lomonossow (1711–1765) zu erwähnen. Der Universalgelehrte, der zudem ein Dichter und Reformer der russischen Sprache war, hatte auch in Marburg und in Freiberg (Sachsen) studiert. Seinem allumfassenden Forscherdrang folgten unzählige Wissenschaftler und Ingenieure.

Die erste russische Dampflok bauten 1834 Jefim Alexejewitsch Tscherepanow und sein Sohn Miron Jefimowitsch (siehe S. 8). Daran erinnert dieser Nachbau aus dem Jahr 2002 im Eisenbahnmuseum in Nowosibirsk.

Die erste russische Dampfmaschine

Iwan Iwanowitsch Polsunow (1728–1766) hatte in Jekaterinburg die Bergbauschule besucht, 1748 ging er nach Barnaul in Westsibirien und arbeitete in einem Metallverarbeitungsbetrieb.

Zudem beschäftigte er sich mit den Schriften Lomonossows und den Werken über Maschinenbau. Die Erschließung neuer Silberminen zählte zu seinen Tätigkeiten. Der Abbau und der Transport des Metalls konnte nur mit Hilfe von Pferden durchgeführt werden. Polsunow entwickelte eine Dampfmaschine, um die Arbeiten effektiver auszuführen. Ab 1763, vor Watt in England, war seine Dampfmaschine, die eine Leistung von 1,3 kW erbrachte, in der Herstellung, ab 1766 im regulären Einsatz. Diese Maschine war zugleich der erste Zwei-Zylinder-Motor der Welt. Zarin Katharina II. zeichnete persönlich Polsunow aus und beförderte ihn zum Offizier. Während er an einer größeren Maschine arbeitete, ereilte ihn der Tod. Sein Denkmal mitsamt der Dampfmaschine steht vor der Polsunow-Universität in Barnaul.

Die erste russische Dampflokomotive

Jefim Alexejewitsch Tscherepanow (1774–1842) und sein Sohn Miron Jefimowitsch Tscherepanow (1803–1849) waren leibeigene Mechaniker in Nischni-Tagil im mittleren Ural, nördlich von Jekaterinburg. Vater und Sohn hatten Kenntnisse von den englischen Lokomotiven.

Und so begannen sie, eine eigene Lok zu konstruieren. Weil es noch kein russisches Wort für die Dampfmaschine auf Schienen gab, wurde das Fahrzeug »Land-Dampfschiff« genannt. Die erste Tscherepanow-Lok von 1834 hatte zunächst wegen der schwachen Dampfentwicklung zu wenig Leistung. Ein neuer Kessel wurde eingebaut, der aber bei einem Probeanheizen explodierte. Doch schließlich war der dritte Kessel zur Zufriedenheit gelungen. Die Lokomotive der Bauart 1A hatte eine Länge von 2.290 mm, der Treibrad-Durchmesser betrug 1.780 mm, die Spurweite 1.645 mm, die Höchstgeschwindigkeit 19 km/h. Die Strecke war etwa einen Kilometer lang. Für ihre Erfindung erhielten die Tscherepanows ihre Freiheit.

1835 bauten sie eine zweite Lokomotive gleicher Bauart, die stärker war und eine Last von 60 Tonnen schleppen konnte. Der Schienenweg wurde auf zwei Kilometer verlängert. Güter und Personen wurden befördert. Doch diese Eisenbahn in Nischni-Tagil blieb, weit entfernt von Sankt Petersburg und Moskau, ohne weitere Bedeutung, obwohl sie der Anfang eines russischen Eisenbahn-Systems hätte sein können.

An die Leistung der der beiden Pioniere Jefim Alexejewitsch und Miron Jefimowitsch Tscherepanow erinnert diese Briefmarke.

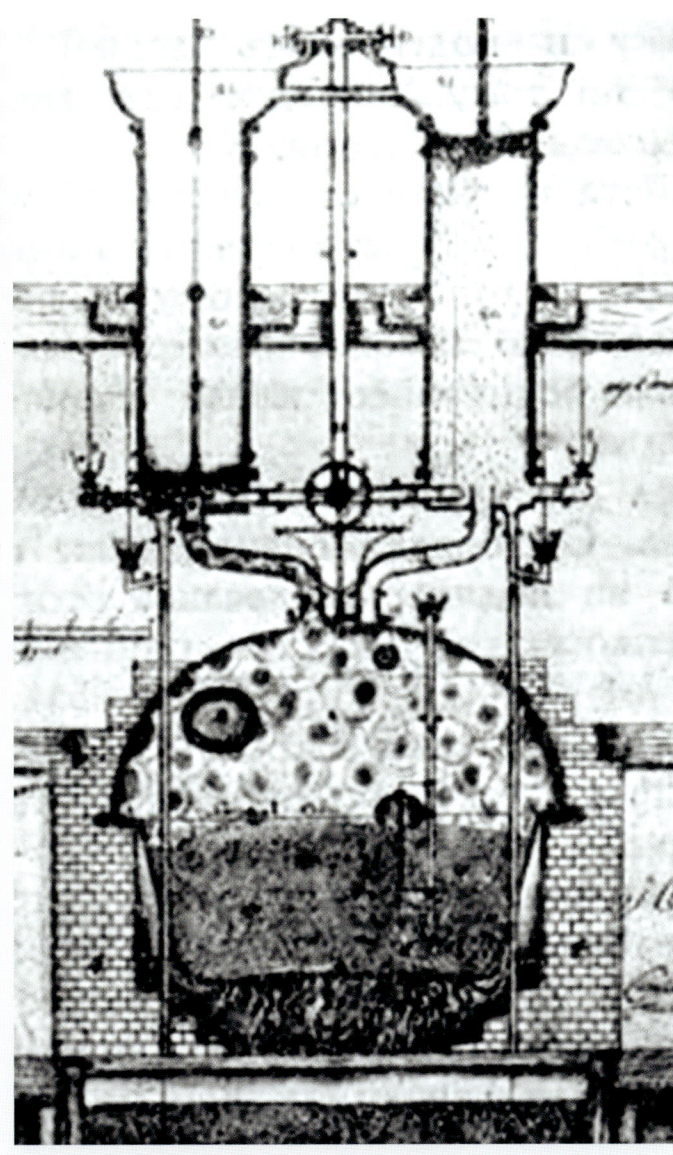

Iwan Iwanowitsch Polsunow entwarf mit seiner Dampfmaschine 1763 den ersten Zwei-Zylinder-Motor der Welt. An diese Pionierleistung erinnert ein Nachbau im Museum von Barnaul.

Diese Lithographie aus dem Jahr 1857 erinnert an die Eröffnung der Eisenbahn von Moskau nach Petersburg. Sie wird im Kupferstichkabinett in Moskau aufbewahrt.

Die erste russische Eisenbahn

Diese Bezeichnung trägt die Zarskoje Selo-Bahn von 1836 – trotz der früheren Eisenbahn in Nischni-Tagil. Und trotz der frühen Grubenbahnen in den Bergwerken. Wahrscheinlich war die Bahn auf hölzernen Schienen in den Kupferminen von Pyskorsk an der oberen Kama im 17. Jahrhundert die erste russische Bahn, wenn auch keine Eisenbahn. Sie beförderte das Kupfer von der Mine zum Schmelzofen. Die ersten eisernen Schienen wurden 1788 im staatlichen Kanonenwerk in Alexandrowsk, Region Perm, verlegt.

Beim Ort Smeinogorsk, Region Altai, wurden 1735 reiche Vorkommen von Silbererz entdeckt, das unter und über Tage abgebaut wurde. Iwan Polsunow, der Erfinder der Dampfmaschine, arbeitete ab 1754 in Smeinogorsk und erbaute die erste russische Sägemühle. In Smeinogorsk arbeite von 1763 bis 1798 Kosma Dmitrijewitsch, ein Hydrotechniker. Er installierte im Bergwerk Stollenbahnen, deren Wagen durch Seile bewegt wurden, die mit einem Wasserrad verbunden waren. Von 1806 bis 1809 erbaute Kosmas Sohn, Pjotr Frolow, eine Pferdebahn in Smeinogorsk, sie war etwa zwei Kilometer lang und verband das Bergwerk mit der Silberhütte. Es war eine Pferdebahn mit gusseisernen Schienen, die Spurweite betrug 1.067 mm.

Die erste Eisenbahn mit regelmäßigem öffentlichem Personenverkehr und Vorbild für weitere Eisenbahnen war die Verbindung von der Hauptstadt Sankt Petersburg nach Zarskoje Selo, der Sommerresidenz das Zaren (rund 23 Kilometer) und weiter nach Pawlowsk (zusätzliche vier Kilometer).

Entscheidend für diese erste russische Eisenbahn war Franz Anton Ritter von Gerstner (1796–1840) aus Prag. Der Sohn eines Technikers hatte Ingenieurwissenschaften, Maschinenbau und Philosophie studiert. Ab 1820 arbeitete er zusammen mit seinem Vater am Projekt der Donau-Moldau-Bahn, war 1824 Bauleiter der Pferdeeisenbahn Budweis-Linz-Gmunden. Gerstner unternahm drei Reisen nach England, um dort die Eisenbahn zu studieren. 1834 erhielt er eine Einladung, den Bergbau im Ural zu besichtigen. Die russische Regierung erhoffte sich seine Ratschläge. In einer Denkschrift an den Zaren Nikolaus I. (1796–1855) beklagte er die schlechten Verbindungen in Russland und schlug vor, ihm den Eisenbahnbau im Reich des Zaren zu erlauben. Nach ausführlichen Beratungen zweier Kommissionen und der Zusicherung Gerstners, mit der Eisenbahn schnell Truppen und Waffen transportieren zu können, wurde die einspurige Versuchsstrecke von St. Petersburg nach Zarskoje Selo und weiter nach Pawlowsk genehmigt.

Die Erdarbeiten begannen wegen des Wetters erst am 9. Mai 1836. Da die russischen Eisenwerke in der Kürze der Zeit und wegen der Preisbegrenzung kein Angebot für die Schienen unterbreiten konnten, reiste Gerstner nach England, um sie dort einzukaufen und gleichzeitig das rollende Material zu bestellen. Schon am 27. Juli trafen die ersten Schienen im Hafen von Kronstadt ein. Sie wurden im Abschnitt zwischen Pawlowsk und Zarskoje Selo verlegt, und am 27. September 1836 fand hier der Bau- als Probeverkehr statt.

Gerstner hatte als Spurweite für die Bahn sechs englische Fuß, 1.829 mm, festgelegt. So waren alle Lokomotiven der Bauart 1A1 n2 Sonderanfertigungen. Sieben Dampfwagen, wie Gerstner sie nannte, bestellte er in England, »*wovon ein Theil für die Eisenbahn nach Pawlowsk, die übrigen aber für die Bahn nach Peterhof, und jene von Moskau nach Kolomna bestimmt sind. Einen Dampfwagen verfertigt Herr John Cockerill in seinem großen Etablissement zu Seraing bei Lüttich in Belgien. ... Zwei*

Dampfwagen liefert Robert Stephenson & Comp. in Newcastle-upon-Tyne; andere zwei Dampfwagen Timothy Hackworth in New Shildon. ... Die letzten zwei Dampfwagen liefert Charles Tayleur in der Vulcan Foundry bei Warrington im kommenden Frühjahr. ... Jede Manufaktur sendet mit dem ersten Dampfwagen zwei Menschen, welche bei der Verfertigung derselben mitwirkten, nach Russland ab, damit selbe während sechs Monaten bei jeder Fahrt zugegen seyen, alle nothwendigen Reparaturen hieran vornehmen und die russischen Arbeiter abrichten. ...«

Am Samstag, 30. Oktober 1837, fand die offizielle Eröffnung der ersten russischen Eisenbahn mit einer Fahrt von Sankt Petersburg nach Zarskoje Selo und zurück statt.

Die Bahnhöfe an der Strecke wurden ähnlich den westeuropäischen erbaut. »Paris, Wien, München, und beinahe jede große Stadt besitzt ein Tivoli, London hat ein Vauxhall«, schrieb Gerstner, und so wurde im großfürstlichen Park von Pawlowsk ein großer Vergnügungspalast erbaut, der den Namen Vauxhall erhielt und ein attraktiver Anziehungspunkt für viele Menschen wurde. Mehrmals täglich fuhren die Züge nach Pawlowsk. Ab 1856 trat Johann Strauß aus Wien im Vauxhall vor 2000 Menschen auf.

Gerstner studierte ab 1838 im russischen Auftrag das US-amerikanische Eisenbahnsystem. Ein Auszug aus seinem anschaulichen Bericht »Die inneren Communicationen der Vereinigten Staaten von Amerika« ist im transpress-Buch »Die Eisenbahn im Wilden Westen« zu lesen. Gerstner konnte nicht

nach Russland zurückkehren, um weiter am dortigen Eisenbahnsystem zu arbeiten. Er starb 1840 in Philadelphia.

Zur Bedeutung der Zarskoje-Bahn, die nur dem Vergnügen der besseren Gesellschaft diente, schrieb der Civil-Ingenieur L. Klein in der österreichischen Allgemeinen Bauzeitung, 1842: »*Wenige Eisenbahnen auf dem europäischen Kontinente haben die öffentliche Aufmerksamkeit so sehr in Anspruch genommen, wie die im Jahre 1836 unternommene Zarskoje Selo-Bahn. Obschon von geringer Ausdehnung und durchaus ohne kommerzielle Wichtigkeit hat sie durch die besonderen Umstände und Verhältnisse, unter welchen sie begonnen wurde, durch die Art ihres Baues, vorzüglich aber durch den Einfluss, den man von ihr auf ein früher oder später anzulegendes Eisenbahnsystem in dem weit ausgedehnten russischen Reiche mit Recht erwartete, jenes allgemeine Interesse allerdings verdient.*«

Das Wort Vauxhall wurde zu Woksal und bedeutet Bahnhof. Im Ersten Weltkrieg wurden die Konzerte eingestellt. Nach Krieg und Revolution veranstaltete das Volkskommissariat für Volksbildung Konzerte für die Arbeiter und Bauern. Zarskoje wurde umbenannt, 1918 in Detskoje Selo, 1937 in Puschkin. Im Zweiten Weltkrieg während der 900 Tage dauernden Blockade Leningrads, wie Sankt Petersburg jetzt hieß, wurde auch das Vauxhall zerstört.

Diese Eisenbahnkarte von 1857 informierte Leser in den USA über die Eisenbahnstrecken in Russland und weitere Planungen. Von zentraler Bedeutung war dabei die Bahnlinie Moskau – Petersburg.

Die russische Breitspur

Die Zarskoje-Bahn hatte die breite Spurweite von sechs englischen Fuß, 1.829. mm. 1842 wurde die Strecke umgespurt auf fünf Fuß, 1.524 mm. In Deutschland und vielen Ländern Europas war und beträgt die Spurweite 1.435 mm und wird als Regel- oder Normalspur bezeichnet. Für den Bau der Eisenbahn Sankt Petersburg – Moskau wurde 1842 ein Komitee gegründet, das sich auch mit der Spurweite russischer Eisenbahnen beschäftigte. Die Erfahrungen der Zarskoje-Bahn und der normalspurigen Bahn Warschau – Wien gab es schon. Auf den Rat des amerikanischen Ingenieurs Whistler wurde die Spurweite von fünf Fuß festgelegt. So waren nun zwei Spurweiten in Benutzung, zu denen die verschiedenen lokalen Schmalspurweiten kamen. Für die Fernverbindungen war die Breitspur verbindlich, die im Mai 1970 auf 1.520 mm reduziert wurde, um den Verschleiß durch Verminderung des Spurspiels zu verringern.

Beim Übergang von Normal- auf Breitspur können vor allem bei Reisezugwagen die Drehgestelle gewechselt werden. An den Übergängen gibt es technische Anlagen für den Wechsel der Radsätze und Drehgestelle. Rollmaterial mit veränderbarer Spurweite wird auf Umspuranlagen umgespurt, wobei die Räder in die andere Position verschoben werden.

Die Eröffnung der Zarskoje Selo-Bahn war ein solch bedeutendes Ereignis, dass sie in zahlreichen Abbildungen für die Nachwelt erhalten wurde.

Die Eisenbahn erobert Russland

Die Lokomotivfabrik Borsig lieferte um 1850 diese Dampflok für die Warschau-Wiener Eisenbahn.

Die Warschau-Wiener Eisenbahn

Die zweite russische Eisenbahn war die Warschau-Wiener Eisenbahn, auch als WWB Warschau-Wiener Bahn bezeichnet, zugleich die erste Fernbahn im Zarenreich. Teile Polens waren durch den Wiener Kongress 1814/15 als Königreich Polen in Personalunion mit Russland vereinigt worden; dieser Teil des Landes wurde auch Kongress-Polen genannt.

Die Bahn, die Warschau mit der österreichischen Grenze verbinden sollte, wurde seit 1835 geplant. 1839 erfolgte die Gründung der Aktiengesellschaft, die aber drei Jahre später Pleite ging. Der Zar verfügte, dass die Staatskasse die Kosten für den Bau übernahm. 1844 wurden die Arbeiten an der Regelspurstrecke 1.435 mm fortgesetzt, 1848 die etwa 320 Kilometer lange Linie eröffnet. In diesem Jahr gab es einen ungarischen Aufstand, den Österreich mit russischer Hilfe 1849 niederschlug; auf der Warschau-Wiener Eisenbahn schickte Russland Truppen.

Die ersten Lokomotiven für die Warschau-Wiener Eisenbahn lieferte Cockerill aus Belgien, weitere Loks kamen von Borsig aus Berlin. Die Wiener Neustädter Lokomotivfabrik produzierte 1898 und 1900 insgesamt 18 Loks für die WWB. Anschließend wurden russische Loks gekauft.

1879 lieferte Borsig diese Schnellzuglok.

A. BORSIG, BERLIN.

²/₃ gek. Schnellzug-Locomotive für normale Spurweite (1,₄₃₅ m).

Warschau-Wien.

Cylinder-Durchmesser 17" engl.	Treibrad-Durchmesser 6' engl.	Heizfläche . 110,₉₄ qm	Gewicht leer . . . 33 700 kg
Kolbenhub . . . . 22" engl.	Kesseldruck . . . . 9 Atm.	Rostfläche . 1,₇₁₃ qm	„ betriebsfähig 37 680 kg

Tender.

Gewicht leer . . . . 12 720 kg	Inhalt des Wasserkastens . 10 cbm
„ betriebsfähig . . 27 200 kg	Kohlen . . . . 5 cbm

Gebaut 1879.

Wiener Bahnhof

Warschauer Bahnhof

Briefmarke von 1971 für den Dichter
Nikolai A. Nekrassow.

Die Eisenbahn Sankt Petersburg – Moskau

Für die fortschreitende Industrialisierung und das große Aufkommen landwirtschaftlicher Produktion reichten die traditionellen Transportmittel und Transportwege nicht mehr aus. Kommissionen wurden einberufen und prüften Vorschläge und Pläne. Trotz der Widerstände aus der Binnenschifffahrt genehmigte Zar Nikolaus I. den Bau der Eisenbahn zwischen den wichtigsten Städten Russlands, Sankt Petersburg und Moskau. Die Ingenieure Pawel Melnikow (1804–1880) und Nikolai Kraft (1798–1857) hatten die fast gerade, zweigleisige Strecke in russischer Breitspur geplant. Baubeginn war am 1. August 1842, der Bau erfolgte gleichzeitig von Sankt Petersburg und von Moskau aus. Nach neun Jahren war die gesamte Strecke von 652 Kilometern vollendet; 184 Brücken wurden errichtet, Sümpfe trockengelegt, viele Arbeiter wurden beim Bau verletzt oder starben bei Unfällen. Davon berichtet das Gedicht »Die Eisenbahn« des russischen Dichters Nikolai Alexejewitsch Nekrassow (1821–1878); die Menschen litten Hunger und arbeiteten häufig 14 Stunden am Tag. Die russische Post widmete dem Dichter 1971 eine Briefmarke.

Bau der russischen Eisenbahn Sankt Petersburg – Moskau.
Zeitgenössisches Gemälde eines unbekannten Künstlers.

Am 1. November 1851 wurde der reguläre Personenverkehr zwischen Sankt Petersburg und Moskau aufgenommen. Im Lauf der Zeit erhielt die Bahn viele
Anschlussstrecken. 1855, nach dem Tod von Zar
Nikolaus, gab sein Sohn und Nachfolger Alexander II.
der Bahnstrecke den Namen Nikolaibahn. Nach der
Oktoberrevolution 1917 wurde auch diese Bahn verstaatlicht, sie erhielt den Namen Oktoberbahn. Heute
ist sie eine Schnellfahrstrecke für Hochgeschwindig-
keitszüge. Der elektrische Triebzug Sapsan schafft es
in vier Stunden von Sankt Petersburg nach Moskau
und umgekehrt, außerdem verkehren auf dieser rund
700 Kilometer langen Strecke Nachtzüge.

Weitere Eisenbahnen

**Das Eisenbahnnetz wuchs stetig, Moskau wurde
zum Mittelpunkt. Nach der Strecke Moskau –
Sankt Petersburg folgten als große Verbindungen
1862 Moskau – Nischni-Nowgorod, 1869 Moskau
– Woronesch, 1869 Moskau – Charkow und 1870
weiter bis Kiew, 1871 Moskau – Brest – Warschau,
1872 Moskau – Jaroslawl – Wologda. Andere
Verbindungen führten in den 1870er Jahren ins
Baltikum und von den ausgedehnten Kornfeldern
zu den Häfen des Schwarzmeers.**

Zwei Pioniere des Eisenbahnbaus in Russland

**Alexander Parfenjewitsch Borodin
(1848–1898)**

Alexander P. Borodin

wurde in Sankt Petersburg geboren und
war ein russischer Ingenieur und Eisen-
bahnexperte. Er gilt als Gründungsvater
des russischen Eisenbahnbaus. Er studierte in Sankt Petersburg an der Staatlichen Polytechnischen Universität und
Hochschule für Verkehrsingenieurswe-
sen. Ab 1877 war er Geschäftsführer der
Kiew-Brester-Eisenbahn, ab 1879 Chef-
ingenieur bei der Südwestbahn, später
Direktor. Zwischen 1880 und 1882 baute
er in Kiew an der Südwest-Eisenbahn das
erste Labor zur Überprüfung von fahrenden
Dampfloks. 1882 entstanden nach seiner
Idee 4-Zylinder-Verbunddampflokomo-
tiven. Er setzte sich für die Verbesserung
der Arbeitsbedingungen ein, gründete die
Zeitschrift »Der Ingenieur«, später stiftete
er die Borodin-Goldmedaille für heraus-
ragende Erfindungen und Rationalisierun-
gen im Eisenbahnwesen.

Eine Lokomotive der Bau-reihe N^d, die die Lokfabrik Kolomna an die Nikolajew-Bahn 1893 lieferte.

Amand Jegorowitsch Struwe (1835–1898)

war deutscher Herkunft, Unternehmer und russischer Militäringenieur. Nach dem Studium der Ingenieurakademie widmete er sich dem Eisenbahnbau. Er wurde Leiter der Bahnstrecke Moskau–Nischni Nowgorod und war zuständig für die Brücken über die Moskwa und Oka. 1871 gründete er die A. Struwe, Kolomna Maschinenfabrik mit seinem Bruder Gustav. Schon bald konnten Pontons, Güterwagen, Lokomotiven und Dampfschiffe hergestellt werden. Zwischen 1868 und 1870 wurde unter seiner Leitung die Struwe-Eisenbahnbrücke in Kiew über den Dnepr, damals die längste Brücke Europas, errichtet. 1872 entstanden die Krementschuk-Brücke, die Alexander- oder Sysran-Brücke über die Wolga, zwischen 1875 und 1879 die Liteiny-Brücke in Sankt Petersburg.

Generalmajor Amand J. Struwe

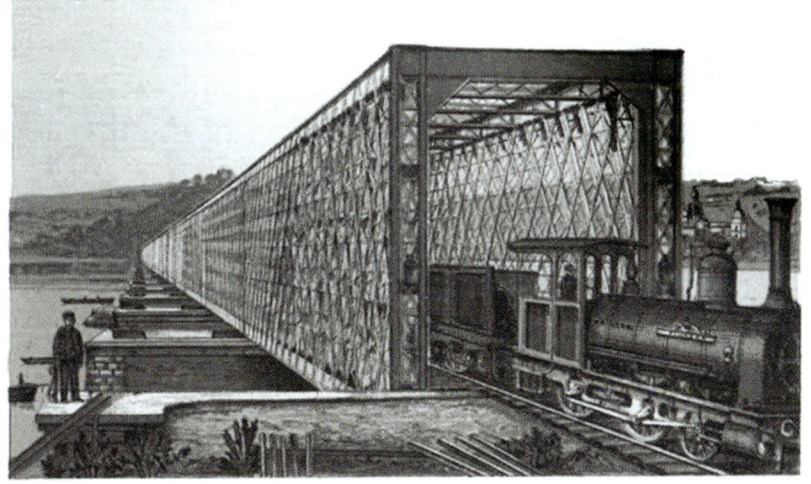

Historische Postkarte der Struwe-Eisenbahnbrücke über den Dnepr. Die Gitterträgerbrücke verband Kiew mit den nordöstlichen Provinzen des Russischen Reiches, Moskau und Sankt Petersburg.

*Der von Siemens gefertigte Hochge-
schwindigkeitszug »Sapsan« ist 250 km/h
schnell und benötigt vier Stunden für die
Fahrt von Sankt Petersburg nach Moskau.
Wie der ICE 3 der Deutschen Bahn AG
gehört er zur Fahrzeugfamilie »Velaro«.*

Die russischen Lokomotivfabriken

Auf die Dauer war es zu teuer, die Lokomotiven in England oder in Belgien zu kaufen. Die Initialzündung zur Gründung eigener Lokfabriken erfolgte beim Bau der Nikolaibahn, als man den Blick in die USA richtete, um dort das Eisenbahnsystem und die Lokomotivproduktion kennenzulernen.

Die zweigleisige Fernbahn von St. Petersburg nach Moskau bildete letztlich das Herzstück des russischen Eisenbahnnetzes, nicht zuletzt weil ihre Spurweite von 5 Fuß : 1.524 mm die russischen Norm bildete und Zar Nikolaus I. sie auf Kosten des Staates nach höchstem technischen Standard errichten ließ. Bereits die Planung sah den Bau großer Werkstätten vor, die befähigt sein sollten, betrieblich wichtige Dinge – dazu zählten vor allem auch Wagen und Lokomotiven – selber zu produzieren.

Blick in eine Montagehalle der Lokomotivfabrik Luhansk im Jahr 1933.

Harrison, Winans & Eastwick in Alexandrowsk

1844 1845

Beim Bau der Nikolaibahn wollte man nichts dem Zufall überlassen und schickte deshalb 1842/43 eine Studienkommission unter der Leitung der Oberste Melnikow und Krafft nach Nordamerika. In Philadelphia entdeckte die Kommission die Lokomotiven der Firma »Eastwick & Harrison«, die für den Einsatz in Russland besonders geeignet erschienen. Verantwortlich für deren Konstruktion waren die Ingenieure Harrison und Winans. Die Kommission empfahl deshalb den Abschluss eines Vertrags mit beiden Ingenieuren.

Als Folge dieses Vertragsabschlusses schloss die Fabrik in Philadelphia ihre Tore. Stattdessen entstand in Alexandrowsk das Werk der neuen Firma »Harrison, Winans & Eastwick«, die eng an den russischen Staat gebunden war. Dies belegt z. B. der Umstand, dass die Werkhallen vom russischen Bergbau-Amt gebaut wurden. Dieses übergab auch die fertige Fabrik, die zur Keimzelle des Lokomotivbaus in Russland wurde, am 1. April 1844 an das Amt für Verkehrswesen.

Vertraglich hatten sich Harrison und Winans dazu verpflichtet, innerhalb von fünf Jahren insgesamt 164 Lokomotiven zu liefern. Dafür konstruierten die beiden Ingenieure zwei Typen: eine Güterzuglok mit der Achsfolge 1C und eine Personenzuglok mit der Achsfolge 2B. Mit diesen für ihre Zeit sehr modernen Konstruktionen konnten sie den Vertrag fristgerecht erfüllen. Somit zog eine in Russland gefertigte Lok am 1. November 1851 den ersten durchgehenden Zug von St. Petersburg nach Moskau.

Eine Briefmarke erinnert an die erste in Russland entstanden Dampflok der Bauart 2'B (Baureihe B) für die Bahnlinie Moskau – Petersburg.

Weitere Lokfabriken entstehen

Die Regierung Russlands verfolgte von Beginn an das Ziel, das für den Eisenbahnbau und -betrieb benötigte Material im eigenen Land zu produzieren. Um den Bau von Lokomotiven voranzutreiben, ließ die Administration 1866 Lokomotivfabriken errichten, darunter die Werke Kamsko-Wotkinsk, Newski und Malzow. Maßgeblich war auch daran das staatliche Bergbau-Amt beteiligt.

In dieser Phase des russischen Schienenverkehrs gründeten die beiden aus Deutschland stammenden Brüder Struwe auch die bekannte Maschinenfabrik Kolomna. Die erste fertiggestellte Lokomotive rollte 1869 aus dem »Kolomensker Werk«, das in den folgenden Jahrzehnten die Fortentwicklung der russischen Dampfloktechnik maßgeblich vorantrieb. Bis zum Beginn des Ersten Weltkriegs arbeiteten auch zahlreiche Ingenieure aus Deutschland in Kolomna. Der bekannteste unter ihnen dürfte Felix Meineke (1877–1955) gewesen sein. Im Jahr 1907 berief man ihn zum Assistenten des Oberingenieurs Gerstung Maschinen- und Lokomotivfabrik in Kolomna. Von 1909 bis 1914 führte er als Oberingenieur das Lokomotiv-Konstruktionsbüro des Unternehmens.

Zwischen Kolomna und Berlin – der Lokomotivkonstrukteur Felix Meineke

Der am 9. April 1877 in Oberlahnstein geborene Felix Meineke studierte an Technischen Hochschulen Darmstadt und Hannover. Nach seinem Examen arbeitete der junge Ingenieur zunächst im Konstruktionsbüro der Lokomotivfabrik Henschel & Sohn in Kassel. Anfang 1903 wechselte er zur Sächsischen Maschinenfabrik in Chemnitz, wo er bis Ende 1905 bei E. Neuhaus ebenfalls in der Lokkonstruktion tätig war. Dann bot ihm die Firma Henschel eine Stelle als Assistent des Oberingenieurs im Konstruktionsbüro an, doch nach anderthalb Jahren wechselte er abermals, diesmal nach Russland: Im Jahre 1907 machte ihn Oberingenieur Gerstung zu seinem Assistenten bei der russischen Maschinen- und Lokomotivfabrik in Kolomna. Bereits 1909 leitete Meineke das Konstruktionsbüro in Kolomna selber als Oberingenieur.

Der Ausbruch des Ersten Weltkriegs beendete diese Tätigkeit plötzlich abrupt, denn Felix Meineke wurde als Deutscher für die folgenden drei Jahre im Gouvernement

Felix Meineke

Wjatka interniert. Dann gelang ihm im Jahr 1918 über Petersburg, Finnland und Schweden die Flucht nach Saßnitz auf der Ostseeinsel Rügen. Zurück in Deutschland arbeitete er zunächst bei der Firma Haniel & Lueg in Düsseldorf. Daran schlossen sich zwei Jahre als Assistent bei Professor Johann Stumpf in der Abteilung III für Maschinen-Ingenieurwesen (ab 1922 Fakultät III für Maschinenwirtschaft) an der Technischen Hochschule zu Berlin an. Am 1. Februar 1921 promovierte Meineke bei Stumpf mit einer Arbeit über »Die Anwendung des Gleichstromes auf die Lokomotiv-Dampfmaschine«.

Am 15. Februar 1921 wurde er zum Mitglied des Vorstands der Lokomotivabteilung der russischen Eisenbahndelegation unter Juri W. Lomonossow berufen, die er bei der Kontrolle und Abwicklung des Großauftrags von 700 Dampfloks der Reihe E für die deutschen Lokfabriken unterstützte (siehe Seite 64).

Als Nachfolger von Johannes Obergethmann wurde Felix Meineke schließlich zum 1. Oktober 1922 als ordentlicher Professor für Eisenbahnfahrzeuge, Kolbenpumpen und Kompressoren in der Fakultät III für Maschinenwirtschaft (ab 1928 Fakultät III für Maschinenwesen) an der Technischen Hochschule zu Berlin berufen. Diese Lehrtätigkeit endete 1945, doch schon am 15. März wurde Felix Meineke Ordinarius für Eisenbahnmaschinen am gleichnamigen Lehrstuhl in der Fakultät IV für Maschinenwesen (ab 1949 Fakultät V für Maschinenwesen) an der Technischen Universität Berlin. Am 31. März 1951 wurde er emeritiert und im selben Jahr zum Ehrensenator der Technischen Universität Berlin ernannt. Felix Meineke starb am 10. Juni 1955 in Berlin.

1922 erhielt Meineke schließlich einen Ruf als Professor an die Technische Hochschule in Berlin-Charlottenburg.

Nichtsdestoweniger reichten die Kapazitäten der russischen Lokomotivfabriken zur Deckung des eigenen Bedarfs nicht aus, so dass immer wieder zahlreiche Lokomotiven importiert wurden.

Im Jahr 1893 führten die russischen Eisenbahnen 7.259 Lokomotiven in ihrem Bestand, von denen 3.635 Exemplare in Russland gefertigt worden waren, also etwas mehr als 50 Prozent. Dieser Anteil wuchs in den folgenden Jahren, nicht zuletzt weil weitere Fabriken entstanden, u.a. in Brjansk, in Charkow, bei Nishni-Nowgorod oder in Luhansk. Auch die Schiffswerften, etwa die Nikolajew-Werft am Schwarzen Meer, stellten eine Zeitlang Lokomotiven her.

Trotzdem fertigten deutschen Lokomotivfabriken bis zum Ausbruch des Ersten Weltkrieges weiterhin Maschinen für Russland. Allerdings bildeten mittlerweile russische Konstruktionszeichnungen und Bauvorschriften die Grundlage.

Das Streckennetz im europäischen Teil Russlands im Jahr 1885 zeigt diese historische Karte.

Die Lokomotivfabrik Luhansk fertigte seit 1950 eine große Zahl von Lokomotiven der Baureihe L für die Sowjetischen Staatsbahnen. Insgesamt entstanden 4.200 Maschinen. Lok L-3653 ist als Museumslok erhalten.

Verstaatlichung der Privatbahnen unter Zar Alexander III.

ab 1881

Die wichtige dritte Phase in der Geschichte der russischen Eisenbahnen – die Verstaatlichung der Privatbahnen – begann nicht erst mit dem Regierungsantritt von Alexander III. (1845–1894) im Jahr 1881. Vielmehr vollzog sich die Entwicklung zum Staatsbahngedanken, die noch unter der Herrschaft Alexander II. (1818–1881) begann, schrittweise.

Eine Lok der Baureihe O wird auf einer Eisenbahnausstellung im Jahr 1900 präsentiert.

Eine Lokomotive der Baureihe N^d, die die Lokfabrik Kolomna an die Nikolajew-Bahn 1893 lieferte.

- **1852 bis 1855 Kommandeur des Preobraschensker Leib-Garderegiments;**
- **ab 1855 Generaladjutant des Zaren Alexander II. (1818–1881);**
- **1855 bis 1863 Chef des Stabes im Gardekorps;**
- **1857 Beförderung zum Generalleutnant und persönlichen Berater des Zaren Alexander II;**
- **von April bis Oktober 1866 Generalgouverneur der Ostseegouvernements (Estland, Livland und Kurland), gleichzeitig Oberbefehlshaber der Regionalen Militärbezirke;**
- **vom Oktober 1866 bis 1868 Oberbefehlshaber des Militärbezirks Wilna und Generalgouverneur der Nordwest-Gebiete (Wilna, Kowno und Grodno);**
- **1868 Berufung in den russischen Staatsrat;**
- **1869 Ernennung zum General der Infanterie;**
- **1876 Vorsitzender der Kommission zur Erforschung der Eisenbahnwirtschaft;**
- **1881 bis zu seinem Tod 1884 Präsident des Ökonomiedepartements des Reichsrats.**

Anfang der 1870er Jahre wurde zunehmend offenbar, dass das russische Eisenbahnwesen erhebliche Defizite aufwies, die sich negativ auf den wirtschaftlichen Fortschritt des Landes auswirkten. Bereits 1873 erkannte die russische Regierung, dass sie den privaten Bahngesellschaften in den vorangegangen Jahren zu viele Privilegien gewährt hatte. Deshalb erließ sie ein Gesetz, das für neu gegründete Bahngesellschaften eine strengere Aufsicht und Kontrolle festlegte. Es sah außerdem vor, dass die Vorarbeiten für neue Strecken von der Regierung ausgeführt und der spätere Bau von ihr selbst oder unter ihrer Aufsicht durchgeführt werden sollten. Außerdem sollten jeder Direktion Vertreter der Regierung angehören. Hier kam der Regierung entgegen, dass sich die wirtschaftlichen Verhältnisse in Russland zu ihren Gunsten verändert hatten.

Einen weiteren Markstein in der Geschichte der russischen Eisenbahn bildete die Berufung der »Eisenbahn-Kommission« im Jahr 1876: Zar Alexander II. beauftragte eine Kommission unter der Leitung von Graf Johann Eduard Trofimowitsch von Baranoff (1811 – 1884) damit, den Zustand des Eisenbahnwesens in Russland genau zu untersuchen. Der Befehl des Zaren, mit dem er diese Kommission einsetzte, verlangte einen offenen und ehrlichen Bericht. Hierzu schien der Graf Baranoff – einer von drei Brüdern, die alle in Diensten des Zaren standen – der Richtige zu sein. Er blickte auf eine steile Karriere in Diensten des Zaren zurück. Er war 1832 als Fähnrich in die Garde eingetreten. Schon 1838 berief ihn Zar Nikolaus I. (1796–1855) zum Flügeladjutanten und erhob ihn 1846 zusammen mit seinen Brüdern in den russischen Grafenstand. 1851 erhielt er die Ernennung zum Chef des Stabes des I. Infanterie-Korps. Weitere Stationen waren:

Somit schien Graf Baranoff als Protestant und enger Vertrauter des Zaren der richtige Mann für die Leitung der Eisenbahnkommission zu sein.

Untersucht werden sollten alle Aspekte des Eisenbahnwesens, von etwaigen Missständen über den Nutzen für Handel und Industrie, die Konkurrenz zwischen den Bahngesellschaften bis zum weiteren Ausbau des russischen Eisenbahnnetzes. Damit einher ging die Frage, ob Letzteres besser durch Privat- oder Staatsbahnen geschehen könne.

Doch es sollte rund neun Jahre dauern, bis die Arbeit der Kommission zu einem Ergebnis führte. In der Zwischenzeit fiel Alexander II. (1881) einem Attentat zum Opfer und auch der Leiter der Kommission Graf Baranoff verstarb 1884. Schließlich unterzeichnete der neue Zar Alexander III. am 12. August 1885 »Allgemeinen Statuts für die russischen Eisenbahnen«.

Zustand des Eisenbahnwesens

Die Berichte der Kommission, von denen Alexander II. bereits einige noch während ihrer Arbeit erhielt, legten die Defizite des russischen Eisenbahnwesens schonungslos offen. Nach Ansicht der Kommissionsmitglieder betrieben die Bahngesellschaften ihre Strecken nicht im Sinne des Staates, der Handel, Industrie und vor allem die Landwirtschaft gestärkt sehen wollte. Der Wettbewerb sorgte eher für chaotische Verhältnisse durch gegenseitiges Unterbieten bei den Transporttarifen, mangelhafte Kundenrechte und willkürliche Transportbestimmungen. Hinzu kam der Umstand, dass es der Gesetzgeber bislang versäumt hatte, das Verhältnis zwischen Staat und Bahngesellschaften klar zu regeln. So musste der

Staat zwar die jeweils garantierten Zinsbeträge zahlen, hatte aber nicht das Recht, die Bilanzen und das Budget zu prüfen und zu genehmigen.

Doch erst 1881 wagte die Regierung den nächsten Schritt: Noch Zar Alexander II. genehmigte in diesem Jahr den Bau der Baskuntschak- und der West-Donez-(Kriworog-) Bahnen als Staatsbahnen. Weil sich diese Maßnahme als wirtschaftlicher Erfolg erwies, entschloss sich der Staat, weitere Bahnen in eigener Regie zu bauen. Damit lag auch der nächste Schritt nahe, nämlich der Kauf von Privatbahnen durch den russischen Staat. Auch hier fand sich noch 1881 eine geeignete Möglichkeit für einen Test: Man erwarb die wirtschaftlich notleidende Charkow-Nikolajew-Bahn, deren Aktien bereits zu 80 Prozent in staatlichem Besitz waren.

Unter der Herrschaft Alexander III. setzte sich dieser Weg fort. Doch zunächst wurde als wichtigstes Ergebnis der Kommissionsarbeiten ein Entwurf zu einem Eisenbahngesetz ausgearbeitet und vorgelegt. Das neue Gesetz vom 12. Juni 1885 sollte endlich den Beziehungen der Eisenbahngesellschaften zum Staat sowie zu Handel und Industrie einen festen Rahmen geben. Diese Aufgabe erfüllte das neue Gesetz zunächst, denn es sorgte erst einmal für klare Verhältnisse und beendete die bis dahin herrschende Willkür der Eisenbahngesellschaften bei der Behandlung ihrer Kunden. Allerdings wies es einige Defizite auf, so dass es in den folgenden Jahren mehrfach geändert werden musste. Zusätzlich schuf die zeitgleich erlassene »Verordnung über den Eisenbahn-Rat« ein einflussreiches neues Gremium, das wichtige Kompetenzen erhielt und das in der Folge tiefgreifend in die bisherige Ordnung der Dinge eingriff. Jetzt war es

eigentlich ein logischer Schritt, den Staatsbahngedanken wieder aufzunehmen. Denn es war deutlich geworden, dass die Eisenbahnen mehr gesetzlich geregelt und vom Staat beaufsichtigt werden sollten. Und diese Aufgabe konnte der Staat am besten selber übernehmen. Interessanterweise hatte noch Alexander II. selbst dafür gesorgt, dass in die Satzungen der Bahngesellschaften die Bestimmung über das Ankaufsrecht des Staates aufgenommen wurde. In der Regel sollte dies zwei Jahrzehnte nach der Betriebseröffnung möglich sein.

Alexander III. tritt die Regierung an

Mit dem Regierungsantritt von Alexander III. beginnt die Epoche der Verstaatlichung der Privatbahnen in Russland. Die Grundlage dafür hatten aber – dies sei nochmals betont – sein Vater und die von ihm ins Leben gerufene Eisenbahnkommission gelegt.

Als Alexander III. am 1. November 1894 starb, hatte sich das russische Eisenbahnnetz auf 35.159 km (= 32.951 Werst) vergrößert. Im Jahr 1894 gehörten davon bereits 18.053 km (= 16.920 Werst) – das entsprach einem Anteil von 54,8 Prozent – dem russischen Staat. Folgende Privatbahnen waren in den Jahren zuvor verstaatlicht worden:

- 1881: Charkow–Nikolajew (794);
- 1882: Koslow–Saratow (444);
- 1885: Murom (107), Putilow (30);
- 1887: Ural (671);
- 1888: Rjäshsk–Morschansk (127);
- 1889: Transkaukasus (994), Morschansk–Sysran (499), Rjäshsk–Wjäsma (655);
- 1891: Kursk–Charkow–Asow (231), Libau–Romny (1227), Riga–Tuckum (55);
- 1892: Warschau–Terespol (220), Orel–Grjäsi (290);
- 1893: Donez (546), Moskau–Kursk (513), Orenburg (160), Baltische (581);
- 1894: Losowo–Sewastopol (46), Moskau–Nishegorod (455), Nicolai (628), Dwinsk–Witebsk (246), Mitau (125), Orel–Witebsk (528), Riga–Dwinsk (234), St. Petersburg–Warschau (1218), Nowotorshok (127).

Gleichzeitig baute der Staat im selben Zeitraum aber nur wenige Strecken: in den Jahren 1888–1891 entstanden im ganzen 332 km als staatliche Investition. Dagegen bauten die Privatbahnen neue Strecken mit einer Gesamtlänge von 1119 km. Nichtsdestoweniger investierte der russische Staat in die Vorarbeiten für den Bau der sibirischen und der Ussuribahnen sowie den Ausbau der Mittelasiatischen Bahn.

Die Zurückhaltung bei den Investitionen ging auf den 1887 bis 1892 amtierenden Finanzminister Iwan Alexejewitsch Wyschnegradski (1832–1895) zurück, der wegen seiner harten Steuergesetzgebung gefürchtet war. Er wollte den Haushalt nicht unnötig belasten und entschied sich für einen anderen Weg: Privatbahngesellschaften mit hohen Gewinnen versuchte er davon zu überzeugen, ihr Streckennetz nach den Vorstellungen der Regierung auszubauen. Damit wollte er auch Verwaltungskosten sparen.

Dieses Prinzip versuchte er auch bei den Staatsbahnen anzuwenden. Aus diesem Grund entstanden im europäischen Teil der russischen Staatseisenbahn 16 Verwaltungsbezirke unter einheitlicher Leitung:

		Wurde gebildet	Umfaßte 1914 Werst
1.	Jekatherinen	1. Januar 1894	2832
2.	Transkaukasus	1. Dezember 1899	1710
3.	Libau-Romny	–	1371
4.	Alexander	–	1038
5.	Moskau-Kursk	1. Januar 1894	1149
6.	Nicolai	–	1991
7.	Perm	1. Januar 1900	2341
8.	Poljessje	–	1410
9.	Weichsel	1. Januar 1898	2292
10.	Riga-Orel	1. Januar 1895	1464
11.	Ssamara-Slatoust	–	1240
12.	Sysran-Wjäsma	9. Januar 1890	1305
13.	Ssjewernaja (Nordbahn)	1. Januar 1907	3006
14.	Ssjewero-Sapadnaja (Nordwest)	1. Januar 1907	2535
15.	Jugo-Sapadnaja (Südwest)	–	3931
16.	Jushnaja (Südbahn)	1. Januar 1907	3144

Zar Alexander II.

Der Ausbau der Eisenbahn unter Alexander II. – Würdigung seiner Regierungszeit

Bei Regierungsantritt von Alexander II. im Jahr 1855 betrug die Länge des russischen Eisenbahnnetzes 1.046 km (= 979 Werst), bei seinem Tod 1881 rd. 22.986 km (= 21.543 Werst). Trotz schwieriger wirtschaftlicher Bedingungen war das Eisenbahnnetz in diesem Zeitraum stark angewachsen. Hinzu kamen die Pläne für den Ausbau in Richtung Asien. Damit gewinnt die Regierungszeit Alexanders II. eine große Bedeutung für den Ausbau des russischen Eisenbahnnetzes.

Hauptgrund dafür war, dass der Zar und seine engsten Berater von der militärischen Bedeutung der Eisenbahn überzeugt waren. Dies hatte schon der Krimkrieg bewiesen und im Orientkrieg 1877/78 machte man diese Erfahrung erneut. Doch während im Krimkrieg die Eisenbahn als Transportmittel vollständig fehlte (weil der Streckenbau unterblieben war), versagten während des Orientkrieges die mittlerweile vorhandenen Bahnen beim Transport. Mit anderen Worten: Obwohl man aus dem Krimkrieg die richtigen Konsequenzen zog und den Eisenbahnbau forcierte, führte dies nicht zum gewünschten Erfolg. Wie schon zuvor erwähnt, prüften die staatlichen Kontrolleure seit 1873 die Finanzen der neugegründeten Gesellschaften intensiv. Doch die Betriebsabläufe und die Transportleistungen, die für den rechtzeitigen Nachschub von Truppen und Material entscheidend waren, kontrollierten sie dagegen nicht. Der Orientkrieg zeigte, dass dies ein Fehler war. Aufgrund dieser Erkenntnis zeigte sich Alexander II. gegenüber Vorschlägen offen, Bau- und Betriebsleitung der Eisenbahnen auf den Staat übergehen zu lassen und zu diesem Zweck auch Privatbahnen zu erwerben. Damit gab er die Richtung für seinen Nachfolger vor, bevor er am 13. März 1881 einem Attentat zum Opfer fiel.

Bau der
Transsibirischen Eisenbahn

Im Jahr 1903 entstand diese Aufnahme, die einen Zug an der westlichen Einfahrt des Bahnhof Chilok zeigt.

Die Transsib ist mit 9.288 Kilometern die längste Eisenbahnstrecke der Welt. Zwischen Moskau und Wladiwostok am Pazifik gibt es mehr als 400 Bahnhöfe, die Strecke liegt an 89 Städten, überquert 16 große Flüsse. Sie verläuft 207 Kilometer entlang des Baikalsees und 39 Kilometer entlang der Amurbucht. Dieses große Eisenbahnabenteuer dauert sieben Tage. Der Betrieb wird von der russischen Eisenbahngesellschaft (RŽD) durchgeführt.

Eine neue errichtete Brücke der Transsib wird erstmals befahren.

Eine Eisenbahn wird geplant

Im 19. Jahrhundert, um 1860 herum, gaben wirtschaftliche Probleme den Anstoß für den Bau einer Eisenbahn in Sibirien. Pferdefuhrwerke und Lastkähne waren nicht geeignet, um die enormen sibirischen Schätze gen Westen zu transportieren. Als die russische Eisenbahn bis zum Ural vorangekommen war, überlegte man, wie die Trassenführung ausfallen könnte – eine Kombination zwischen Eisenbahn und Flussschifffahrt? Zar Alexander III. (1845–1894) hörte jedoch auf seinen Verkehrsminister, seinen späteren Finanzminister Sergei Juljewitsch Witte und entschied sich für eine durchgehende Bahnstrecke, nämlich die Transsibirische Eisenbahn. So sollte durch die Transsib der Handel mit China erleichtert werden. Man hoffte auch, die sibirische Wirtschaft durch die neue Bahn anzukurbeln, was wiederum ausländische Investoren anlocken würde.

Aber schon früher hatte der Amerikaner Perry McDonough Collins (1813–1900) die Idee, Sibirien durch eine Eisenbahn zu erschließen. Er studierte zahlreiche Beiträge und Bücher über Sibirien und kam zu dem Schluss, dass Sibirien als Rohstoffquelle einen ungeheuer großen Wert für den Welthandel haben würde, wenn ein Zugang zum Ozean gefunden werden könnte. Er wurde Handelsagent der Vereinigten Staaten am Amur, unternahm Studienreise von Sankt Petersburg nach Irkutsk und Nikolajewsk. 1857 schlug er der russischen Regierung eine Amur-Eisenbahn vor. Aber der Plan wurde als verfrüht abgelehnt.

Die Transsib wird gebaut

1891 proklamierte Zar Alexander III. den Baubeginn, sein Sohn, Zarewitsch Nikolai (1868–1918), später der letzter Zar Russlands, führte bei Wladiwostok den ersten Spatenstich durch. Das Bauprojekt der Transsib unter Alexander III. wurde von Finanzminister Witte geleitet. Wegen der russischen Staatsschulden wurden Anleihen u. a. in Frankreich und Belgien aufgenommen. Natürlich reichten die veranschlagten 325 Millionen Rubel nicht aus. Die endgültigen Kosten beliefen sich auf geschätzte eine Milliarde Rubel. Die Baukosten für einen Kilometer lagen bei etwa 72.000 Rubel, die Umgehungstrecke am Baikalsee kostete rund 197.000 Rubel pro Kilometer.

Gleichzeitig wurde 1891 von Tscheljabinsk und Wladiwostok mit dem Bau der Eisenbahn begonnen. Das gesamte Projekt gestaltete sich als schwierige Aufgabe: das Klima war rau, die Böden gefroren oder sumpfig, für Tunnel mussten Felsen gesprengt, große Flüsse mit Brücke überquert werden, auch die Versorgung der vielen Bauarbeiter gestaltete sich schwierig. Das Baumaterial schaffte man auf Schiffen und im Winter auf zugefrorenen Flüssen mit Pferdeschlitten heran. Im Durchschnitt schafften die Baukolonnen im Jahr rund 600 Kilometer der geplanten Bahnstrecke. Bereits nach zwölf Jahren, 1916, und 7.500 Kilometern war Europa mit dem Pazifischen Ozean verbunden. Insgesamt misst die Transsib 9.288 Kilometer, zuerst eingleisig, ab den 1930er Jahren teilweise zweigleisig.

Sergei Juljewitsch Witte forcierte den Bau der Transsib.

Sergei Juljewitsch Witte

Witte (1849–1915) war ein russischer Staatsmann und Unternehmer. Nach seinem Studium arbeitete er bei der russischen Eisenbahn; er wurde Direktor der Odessa-Eisenbahn und Südwest-Eisenbahn, die von der Ostsee bis zum Schwarzen Meer verlief. Witte arbeitete an einer Eisenbahn-Charta, die Grundlage wurde für den Bau der Transsib. Später wurde er Finanzminister, forderte eine Modernisierung Russlands und forcierte den Bau der Transsib. Witte wurde später Chefunterhändler und handelte den Friedensvertrag von Portmouth aus. Nikolai II. erhob ihn ob seines Verhandlungsgeschicks in den Adelsstand. Konservative Kreise zwangen ihn im Jahr 1906 zum Rücktritt. Witte war gegen den Eintritt Russland in den Ersten Weltkrieg. Der Zar hörte nicht auf ihn.

Unvorhersehbare Probleme

Der 800 Kilometer lange Teil zwischen Wladiwostok und Chabarowsk gestalte sich schwierig: Am Amur musste die Strecke neu vermessen werden, weil die alte Strecke im Überflutungsbereich des Flusses lag, der im Frühjahr gern zehn Meter Hochwasser führte. Erdrutsche verschütteten Bahndämme, in aufgetauten Permafrostböden versanken Oberbau und Gleise.

Schwierigkeiten gab es auf dem Abschnitt Tscheljabinsk bis Irkutsk beim Brückenbau über die großen sibirischen Flüsse. Problem gab es auch beim Bohren der Brunnen in der zentralsibirischen Steppe, denn das Oberflächenwasser war für die Dampfloks nicht geeignet. Der Bau der 1.920 Kilometer langen Strecke von Tscheljabinsk am Ural nach Irkutsk begann 1893, 1894 war Omsk erreicht, 1895 Nowosibirsk. Der erste Zug traf im Dezember 1896 in Kranosjarsk, 1898 in Irgutsk ein.

Mit der Einweihung der Amurbrücke 1916 war die Transsib bei Chabarowsk fertig gebaut.

Das Gelände im Bereich des Baikalsees war wegen der Gebirge schwieriger. Mehr als 30 Tunnel und 200 Brücken waren auf der Länge von 260 Kilometern erforderlich. Die Strecken am Baikalsee scheiterten zunächst am felsigen Chamar-Daban-Gebirge. Deshalb richtete die Bahnverwaltung einen Fährbetrieb ein. Zwei Schiffe brachten Güterwagen und Personen über den über 72 Kilometer lange See. Das größere Fährschiff, die *Baikal*, besaß auf dem Oberdeck drei Gleise für 25 Güterwagen, die kleinere Fähre *Angara* beförderte nur Personen über den See. Wenn der Baikalsee zugefroren war, benutzte man Schlitten oder baute 42 Kilometer lange Gleise auf dem See; die Züge wurden von Pferde gezogen.

Die Strecke zwischen Irkutsk und Baikalsee machte auch Probleme, weil die damaligen Lokomotiven die starken Steigungen nicht bewältigen konnten. Letzten Endes kam es zu einer Umfahrung des Baikalsees, die 1904 fertiggestellt war.

Aufgrund der Wintertemperaturen bis zu -50 Grad konnte immer nur kurze Zeit an der Transsib gebaut werden. Zunächst errichtete man die Brücken aus Holz, später aus Stahl oder Stein. Ein Problem ergab sich auch daraus, dass aus Kostengründen Abstriche bei der Qualität des Materials in Kauf

Arbeiter verlegen im Jahr 1906 die Gleise für die Transsib im Ural.

genommen wurden. Die nur halb so schweren Gleisen bogen sich oder verfaulten im Boden. Man versuchte auf den Tunnelbau zu verzichten, deshalb betrug die Höchstgeschwindigkeit der Züge manchmal nur 20 km/h. Ein Ingenieur sagte einmal, dass nach einem Regen die »Züge hüpfen wie ein Eichhörnchen vom Gleis«. Häufig kam es zu bis zu drei Unfällen am Tag. Zeitweise waren bis zu 90.000 Arbeiter gleichzeitig an dem Bahnbau

beteiligt. Sie kamen aus China, Korea und Japan, aber auch Strafgefangene und Zwangsarbeiter kamen zum Einsatz. Zahlreiche Italiener arbeiteten als Steinmetze für den Brückenbau. Die Arbeits-, Wohn- und Ernährungsbedingungen waren genauso schlecht wie die Sicherheit der Arbeiter und die medizinische Versorgung. Zehntausende sollen bei dem Bahnbau ums Leben gekommen sein.
Nach Fertigstellung der Transsib wirkte sich das

positiv auf die Wirtschaft Sibiriens aus. Ausländische Investoren, der Aufschwung des Handels im Allgemeinen, neue Fabriken, Konsulate und Außenhandelsbüros in Wladiwostok sorgten für den wirtschaftlichen Aufschwung. Gehandelt wurde mit Holz, Kohle und Lebensmitteln. Hatte Sibirien 1891 rund fünf Millionen Einwohner, waren 1914 rund vier Millionen.

Ein Zug auf der Transsib …

Der Russisch-Japanische Krieg

Die Transsib konnte noch nicht dem Verkehr über-geben werden, weil im Februar 1904 Japan die russische Flotte im Hafen von Port Arthur angriff und in der Mandschurei landete. Nun rächte es sich für die Kriegsführung, dass die Verbindungs-strecke zwischen Irkutsk und Missowaja nicht fertig geworden war. Schon 1901 wollte die zaristische Regierung diesen schwierigen Abschnitt bauen; der Krieg zwischen Japan und Russland beschleu-nigte dieses Vorhaben. Im September 1904 war die 86 Kilometern lange Strecke mit 32 Tunneln auf zehn Kilometer am Ufer des Baikalsees fertig.

Am Ende des Jahres 1904 bestand der Zugverkehr zwischen Moskau und Wladiwostok. Und das war bevor der Krieg zwischen Russland und Japan um die Vorherrschaft im Fernen Osten mit dem Frie-den in Portmouth endete.

Die Transsib ist vollendet

… fährt in einen der schönen Bahnhöfe entlang der Strecke.

In den 1950er und 1960er Jahren baute man von der fertigen Transsib ausgehend mehrere Stich-bahnen nach Norden und Süden. So konnten Holz und Getreide besser abtransportiert werden. Die Bahnstrecke wurde, wie in Russland üblich, in der Spurweite 1520 mm errichtet. Aber schon bald stellten sich Mängel ein; es konnten nur wenige Züge am Tag die Strecke befahren, deshalb wurden die Holzschienen durch Metallschienen ersetzt und nach dem Zweiten Weltkrieg begann der zweigleisige Ausbau der Transsib. Die durchgehende Elektrisierung war 2002 nach 74 Jahren abgeschlossen.

Die Züge auf der Transsib erreichten am Anfang eine Geschwindigkeit bis zu 25 km/h, Güterzüge schafften nur 15 km/h. Deshalb dauerte eine Reise von Moskau nach Wladiwostok mehr als 12 Tage. Vier Jahre später betrug die Reisezeit nur noch 9,5 Tage. Mit dem Schiff benötigte man damals ganze 30 Tage vom östlichen Mittelmeer bis Wladiwostok. 1899 wurden auf der Transsib 1,5 Millionen. Passagiere gezählt, 1911 waren es schon 7,3 Millionen. Auch das Frachtvolumen erhöhte sich von 2,6 Millionen Tonnen im Jahr (1899) auf 11,6 Millionen Tonne im Jahr 1911.

Natürlich blieb dem Ausland der Bau der Transsib nicht verbogen. Die Compagnie Internationale des Wagons-Lits in Belgien stellte Schlafwagen zur Verfügung und einige Jahre später lieferten sie den Luxuszug Sibirien-Express. Ab 1906 fuhr dieser nun *Transsibirienexpress* bezeichnete Zug in den Fernen Osten. Zunächst nur alle zehn Tage, später zweimal pro Woche von Moskau nach Wladiwostok. Dieser Luxuszug besaß einen Speise-, Salon- und Schlafwagen. Es fehlten auch kein Frisör, kein Gymnastikraum und keine Bademöglichkeiten.

Es war der Morgen des 30. Juni 1908 als sich den Passagieren ein unglaubliches Naturereignis darbot: Über den Himmel der Taiga zog ein rasender Feuerball, es kam zu einer großen Explosion. In rund 900 Kilometer Entfernung traf der Tunguska-Meteorit auf die Erde. Noch immer nicht ist das Rätsel um diesen Meteoriten von den Wissenschaftlern gelöst.

Mit Beginn des Ersten Weltkriegs endet die Ära des Luxuszugs. Nun wurden Militärs transportiert. Erst im Jahr 1924 waren die Verluste des Bürgerkriegs (siehe Seite 50) überwunden. Von nun an diente die Transsib vorrangig wirtschaftlichen Interessen. Die riesigen Bodenschätze Sibiriens wurden erschlossen, Industriezentren entstanden entlang der Bahntrasse. Städte wie Nowosibirsk, Irkutsk und Taischet entwickelten sich zu Großstädten mit Universitäten. Während des Zweiten Weltkriegs verringerte sich der Aufschwung. Auf der Transsib wurde wichtiges Kriegsmaterial transportiert. Erst nach dem Krieg, 1945, begannen der zweigleisige Ausbau der Strecke und die Elektrifizierung.

Menschen aus aller Welt und natürlich die Einheimischen benutzen die Transsib, einfach oder luxuriös (siehe Seite 124).

Als es noch keine Langstreckenflüge gab, war die Transsib der schnellste Weg, um aus Europa in den fernen Osten zu gelangen. Mit dem Schiff dauerte es mehrere Wochen.

Der »Rossija« gehört mit
seinen rot-blauen Wag-
gons zu den beliebtesten
Schnellzügen auf der
Transsib.

Lenins Rückkehr mit der Eisenbahn 1917

»Die Revolutionen sind die Lokomotiven der Geschichte«.

Diesen prophetischen Satz schrieb Karl Marx bereits im Jahr 1850 in seiner Schrift »Die Klassenkämpfe in Frankreich 1848–1850« (Marx 1960, 85). Allerdings beschäftigte er sich an dieser Stelle nicht mit der Revolution an sich oder ihrer Rolle in der Weltgeschichte. Vielmehr ging es um den Wandel der französischen Bauernschaft im Verlauf der revolutionären Ereignisse. Die Lokomotive war in diesem Zusammenhang »*ein Symbol der Überwindung von Begrenzungen in Raum und Zeit, deren Verständnis über Jahrhunderte durch Postkutsche und Segelschiff geprägt war! Nur eine solche Interpretation entspricht auch dem marxschen Entwicklungsverständnis: Menschen machen ihre Geschichte selbst; und sie machen sie als gesellschaftliche Wesen ...*«.

Dies meint zumindest Lutz Brangsch in seinem Diskussionsbeitrag »Revolution: Lokomotive oder Notbremse der Geschichte«? auf der Konferenz der Rosa Luxemburg-Stiftung »Ändere die Welt, sie braucht es!« in St. Petersburg (25. bis 27. Oktober 2017).

Nichtsdestoweniger trifft dieses Marx'sche Zitat voll und ganz auf die Ereignisse des April 1917 zu, als die Eisenbahn für einen kurzen Augenblick eine wichtige Rolle in der Weltgeschichte übernahm.

Eine Eisenbahnfahrt als Teil der Weltgeschichte

Wie man mit einer Eisenbahnfahrt Geschichte schreiben kann, beweist die Fahrt von Lenin und weiteren sozialistischen Revolutionären in einem verschlossenen Waggon durch Deutschland, um aus dem Schweizer Exil zurück nach Russland zu gelangen. Aber ist sie auch ein wichtiger Teil der Geschichte der russischen Eisenbahn? Diese wichtige Frage wird spätestens mit dem Grenzübertritt von Finnland nach Russland und erst recht mit dem triumphalen Empfang in Petrograd (Petersburg) eindeutig beantwortet.

Doch der Reihe nach: Die Februarrevolution des Jahres 1917 hatte Zar Nikolaus II. zur Abdankung gezwungen. Damit konnte auch Lenin aus dem Exil in Zürich zurückkehren. Rund um diese Reise bildeten sich Legenden, wichtige Fragen sind bis heute unbeantwortet. So ist die Anzahl der Reisenden genauso unklar wie viele ihrer genauen Namen. Mit anderen Worten: Wir kennen nur die wichtigsten Mitreisenden, wissen aber nicht ihre genaue Zahl. Ungefähr 30 Personen – einige Quellen berichten von exakt 32 Reisenden – saßen am 9. April 1917 in

Lenins Ankunft auf dem Finnischen Bahnhof in Petrograd (Petersburg) am 16. April 1917.

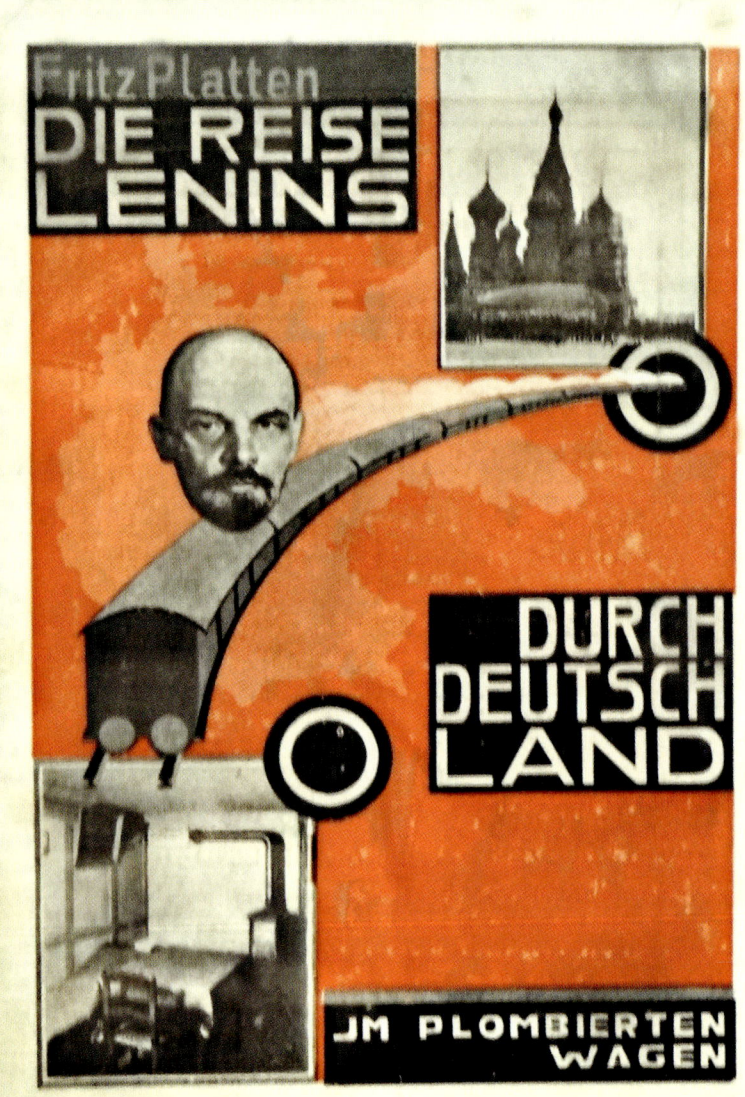

Fritz Platten
DIE REISE
LENINS
DURCH
DEUTSCH
LAND
JM PLOMBIERTEN
WAGEN

Der Schweizer Kommunist Fritz Platten begleitete Lenin. 1924 veröffentlichte er ein Buch mit seinen Erinnerungen an diese Reise.

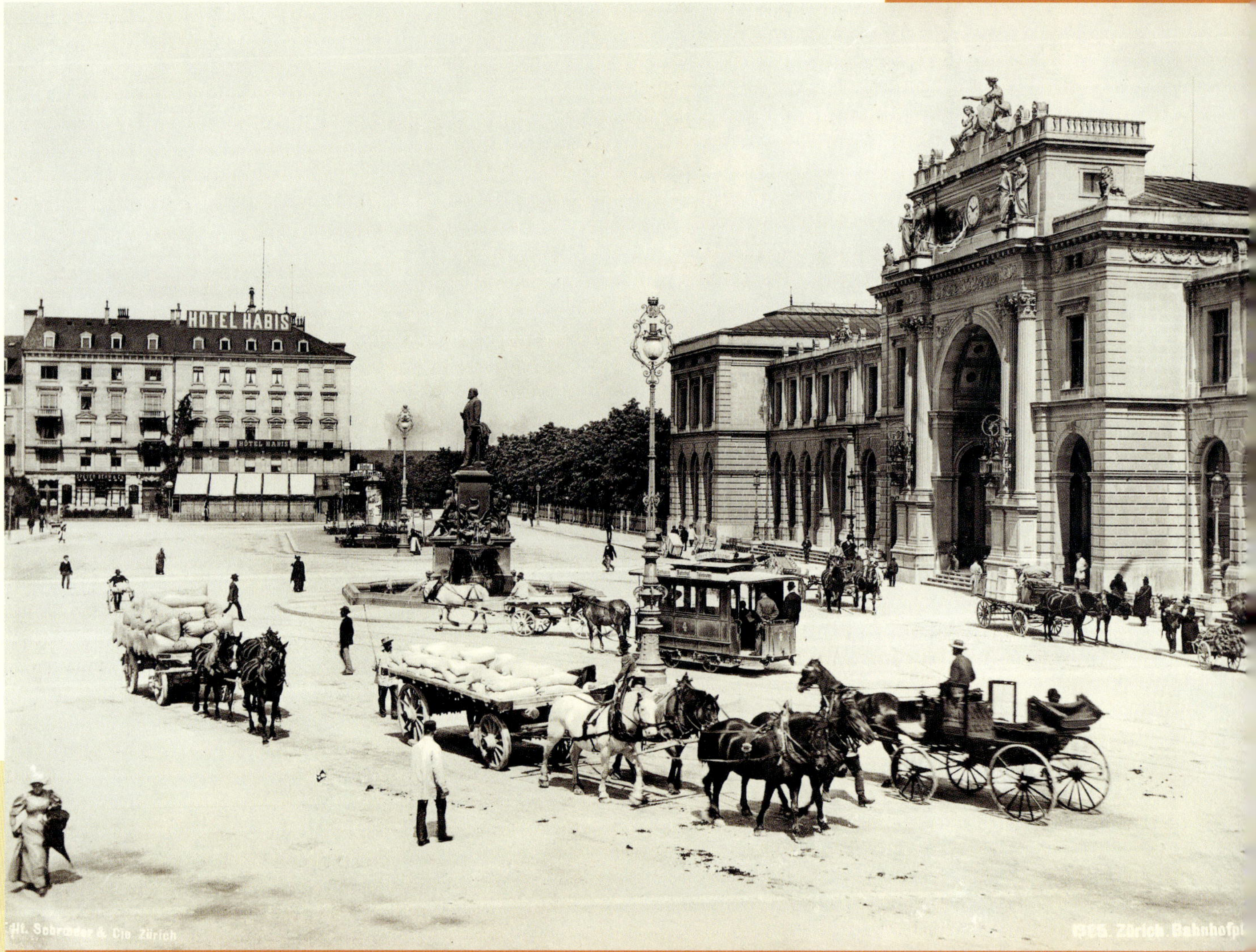
HOTEL HABIS

Wichtige Zwischenstation: der Hauptbahnhof von Stockholm

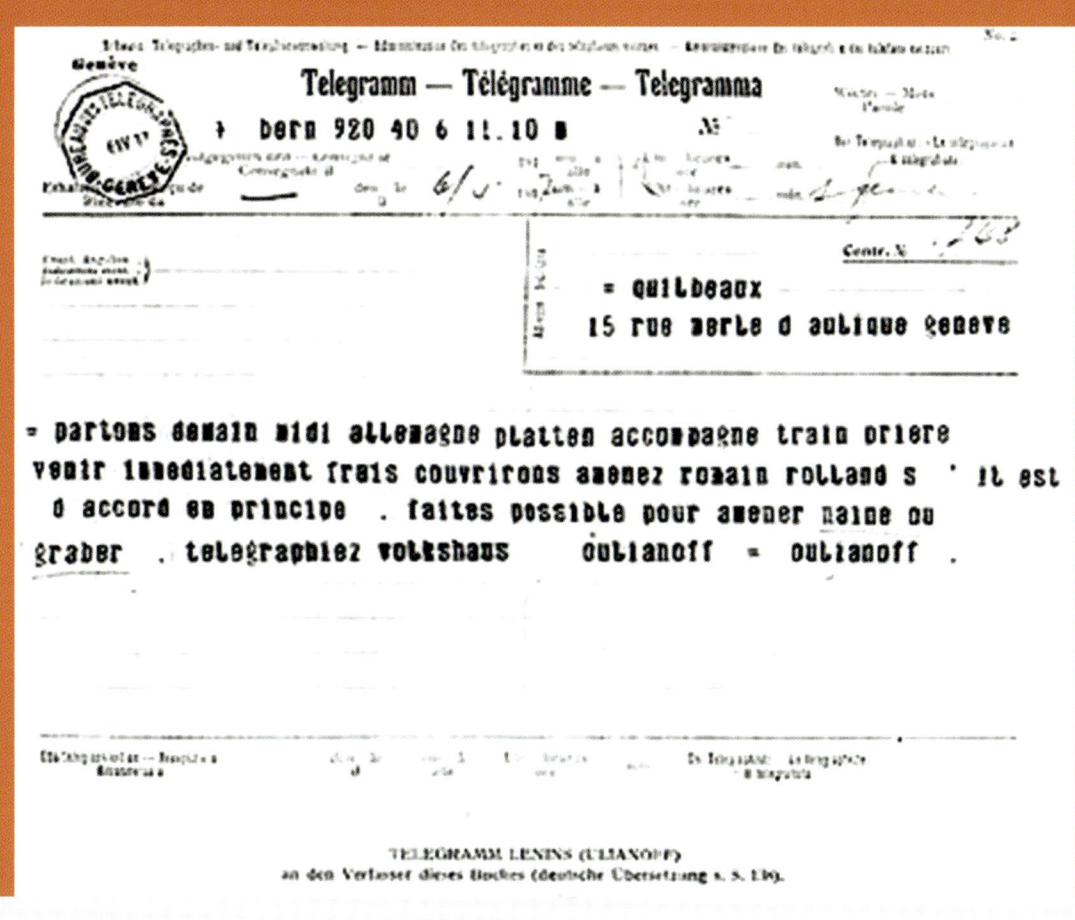

TELEGRAMM LENINS (ULJANOFF)
an den Verfasser dieses Buches (deutsche Übersetzung s. S. 136).

»Abreise morgen« – Mit diesem Telegramm informierte Lenin aus Bern seinen Freund Henri Guilbeaux am 6. April 1917.

Eine Tafel erinnert an den Grenzübertritt Lenins im Bahnhof in Tornio.

dem planmäßigen Personenzug, der den Züricher Hauptbahnhof am Nachmittag mit dem Fahrtziel Gottmadingen verließ.

Zu den bekannteren Namen zählten neben Lenin selbst seine Ehefrau Nadeshda Krupskaja sowie seine Geliebte Inessa Armand. Hinzu kamen die Revolutionäre wie Karl Radek und Grigori Sinowjew. Doch nicht nur Bolschewiki reisten mit, sondern auch Mitglieder anderer sozialistischer Gruppierungen.

Nach intensiven Grenzkontrollen in der Schweiz sowohl in Schaffhausen als auch Thayngen gelangte die Reisegruppe schließlich in den deutschen Grenzbahnhof Gottmadingen. Dort stand der kurze Sonderzug bereit, der sie durch das Deutsche Reich bis nach Sassnitz bringen sollte. Er bestand aus einem Gepäckwagen sowie einem Personenwagen der 2. und 3. Klasse.

Nach der Erledigung der Einreiseformalitäten entrichteten die Passagiere noch den Fahrpreis, darauf hatte Lenin bestanden, um jegliche Unterstützung durch deutsche Regierungsstellen auszuschließen.

Die Initiative für diese ungewöhnliche Reise war von den russischen Emigranten ausgegangen. Bereits in den Jahren vor dem Beginn des Ersten Weltkriegs waren zahlreiche Oppositionelle, überwiegend Sozialisten, vor den Repressionen in ihrer Heimat in die Schweiz geflohen, wo sie sich vor allem in Genf, Zürich und Bern ansiedelten. Nach Kriegsbeginn folgten weitere Flüchtlinge, zu denen auch Wladimir Iljitsch Uljanow, genannt Lenin, und seine Gattin Nadeshda Krupskaja gehörten. Sie lebten zuerst in der Hauptstadt Bern und siedelten später nach Zürich über.

Als die ersten Meldungen von der Abdankung des Zaren in der Schweiz eintrafen, machte sich große Unruhe unter den Emigranten breit. Sie wollten so schnell wie möglich nach Hause. Daraufhin schlug

ULIANOW – LENIN

Lenin im Jahr 1915

*Die Reisegruppe startete
im Hauptbahnhof von Zürich.*

Das Ziel der Reise war der Finnische
Bahnhof in Petrograd.

Sergej Jewsejew gestaltete das Denkmal vor dem Finnischen Bahnhof in St. Petersburg, das an Lenins Rückkehr erinnert.

der Menschewist L. Martow vor, zu diesem Zwecke
ein Zentralkomitee zu gründen, das sich allein mit
der Rückkehr der in der Schweiz lebenden Emigranten nach Russland beschäftigen sollte. Dem
Schweizer Sozialisten Robert Grimm gab man den
Auftrag, mit den staatlichen Stellen in der Schweiz
und in Deutschland über den Transit durch das
Deutsche Reich zu verhandeln. Doch der ungedul-
dige Lenin, dem es nicht schnell genug ging und
der außerdem Grimm misstraute, wollte nicht länger warten. Er wollte sich selbständig mit einigen
Mitstreitern auf den Weg in die Heimat machen.
Der Führer der Bolschewiki wusste, dass es keine

Zeit zu verlieren galt und die Gunst der Stunde
genutzt werden musste, damit aus der Revolution
des Bürgertums eine sozialistische wurde. Deshalb
schaltete er den Schweizer Sozialisten Fritz Platten
ein, der die Reisegruppe bis zur schwedisch-russi-
schen Grenze begleiten sollte.

Den deutschen Behörden kam die Anfrage alles
andere als ungelegen. Ihre große Hoffnung: Lenin
stürzte gemäß seinem wichtigsten Ziel die Regierung und sorgte für einen separaten Friedensschluss zwischen Russland und dem Deutschen
Reich. Graf Ulrich von Brockdorff-Rantzau, der

deutsche Gesandte in Dänemark, brachte es in seinem Memorandum vom 2. April 1917 auf die einfa-
che Formel, mit Hilfe der Revolutionäre in Russland
ein »größtmögliches Chaos zu schaffen«. Außerdem drohte im Westen der baldige Kriegseintritt
der USA, sodass nahezu jedes Mittel recht schien,
das den Gegner im Osten massiv schwächte.

Vor diesem Hintergrund überrascht es nicht, dass
die deutsche Seite einem Transit der Revolutionäre
durch das Deutsche Reich zustimmte. Schweizer
Sozialisten vermittelten die Vereinbarung.
Für Lenin enthielt das deutsche Kalkül eine große

Lenin inspiziert am 25. Mai 1919 auf dem Roten Platz in Moskau zusammen mit Kommandeuren die Vseobuchtruppen der Roten Armee.

Bereits einen Tag nach seiner Ankunft hält Lenin am 17. April 1917 im Taurischen Palais in Petrograd die Rede vor dem Petersburger Sowjet, die später den Kern der »Aprilthesen« bilden wird.

Lenin hält am 7. November 1918 eine Rede auf dem roten Platz in Moskau.

Gefahr: Er setzte sich der Gefahr aus, in Russland als Handlanger des Feindes dazustehen. Er war somit um die größtmögliche Distanz bemüht.

Zwei deutsche Offiziere begleiteten die Reisegruppe bei ihrer Fahrt durch das Deutsche Reich. Zu den Legenden gehört die Behauptung, der Zug wäre »plombiert« gewesen. Vielmehr bestand die sogenannte »Plombierung« des Wagens darin, dass man drei von insgesamt vier Waggontüren von außen verschlossen waren. Die vierte Tür benötigten die deutschen Begleiter, um den Wagen bei Bedarf zu verlassen, z. B. um abends zur Übernachtung ins Hotel zu gelangen. Die Russen mussten im Zug übernachten, denn ihre Abteile waren zum »exterritorialen Gebiet« erklärt worden. Allerdings markierte die Grenze zum deutschen Teil lediglich ein Kreidestrich auf dem Wagenboden, der von keiner Seite – mit Ausnahme des schweizerischen Staatsbürgers – übertreten werden durfte. Dies bedeutete für die russischen Passagiere eine weitere Unannehmlichkeit, denn wie bei der Eisenbahn üblich befanden sich die Toiletten an den Wagenenden. Damit stand ihnen nur eine Toilette zur Verfügung, was naturgemäß schnell zu Streitereien führte, zumal auch die Raucher diesen Ort für ihre Zigarettenpause nutzen mussten. Nach einiger Zeit sah sich Lenin deshalb genötigt, Eintrittskarten für den Gang zum Klo zu verteilen.

Lediglich von der Schweizer Grenze bis nach Singen (Hohentwiel) verkehrten die beiden Wagen als Sonderzug. Ab Singen wurden sie an planmäßige Reisezüge gehängt. Übernachtet wurde in Singen, Frankfurt (Main) und Berlin. Wegen einer starken Verspätung auf der Fahrt von Frankfurt nach Berlin erreichte die Reisegruppe erst am vierten Tag den Fährhafen Sassnitz auf Rügen. Von dort ging es mit dem Fährschiff »Drottning Victoria« nach Schweden. Über Stockholm ging die Fahrt weiter nach Finnland und weiter an zum finnisch-russischen Grenzbahnhof Beloostrow, der rund 40 km vor Petrograd lag. Dort wartete schon eine große Menschenmenge, die den einfahrenden Zug bereits stürmte, noch bevor er richtig hielt. Die Menschen hatten teilweise weite Wege in Kauf genommen, um zu den Ersten zu gehören, die Lenin bei seiner Rückkehr willkommen hießen. In der Bahnhofshalle, wohin ihn die Menschen getragen hatten, hielt Lenin eine spontane Ansprache.

Noch eindrucksvoller empfingen die Menschen den Revolutionsführer am Finnischen Bahnhof in Petrograd, wo Tausende seine Ankunft erwarteten. Dabei bildeten Soldaten aus Kronstadt eine Ehrenformation. Die Chronisten berichten, dass Lenin hier gleich zwei Reden gehalten habe: Eine im Fürstenzimmer des Bahnhofs vor dem Empfangskomitee und eine zu den Menschenmassen vor dem Bahnhof von einem bereitstehenden Panzerwagen aus. Letzterer sollte ihn später auch in die Stadt bringen.

In seinen Reden machte Lenin unmissverständlich klar, dass dies der Beginn der »sozialistischen Weltrevolution« sei. Der Fortgang der Ereignisse sollte zeigen, dass die Erwartungen der deutschen Seite, mit der Rückkehr Lenins »größtmögliches Chaos zu schaffen« bei weitem übertroffen worden war.

Lenin bei einer Rede am 1. Mai 1919 auf dem Roten Platz

Mit der schwedischen Eisenbahnfähre
»Drottning Victoria« setzten Lenin und
seine Reisegenossen von Sassnitz nach
Schweden über.

Die Eisenbahn im Bürgerkrieg

Eine Parade der Roten Armee während des Bürgerkriegs (ca. 1918).

Der Bürgerkrieg

Im Jahr 1917 schloss sich an die erfolgreiche Oktoberrevolution der Bolschewiki unter der Führung Lenins ein brutal geführter Bürgerkrieg an. Die wichtigsten Gegner in dieser Auseinandersetzung waren die Rote und die Weiße Armee. Während die Rote Armee von den Bolschewiki gegründet worden war, vereinigte die Weiße Armee ihre Gegner. Doch weil sich die Weiße Armee aus unterschiedlichen Gruppen rekrutierte, besaß sie keine einheitliche Führung. Im Wesentlichen einte sie zwei Ziele: die Einführung der Demokratie und die Ablehnung der Enteignung privaten Eigentums. Obwohl die Weiße Armee u.a. von Großbritannien und den Vereinigten Staaten Unterstützung erhielten, sorgten mangelhafte Organisationsstrukturen dafür, dass sie die Auseinandersetzung 1921 verloren. Acht Millionen Menschen starben in diesem Bürgerkrieg.

Leidtragende des Bürgerkriegs war die Bevölkerung: Flüchtlinge mit ihren Habseligkeiten auf Flachwagen.

Der »Eisenbahnkrieg«

Zunächst sicherten die Bolschewiki mit Hilfe der Roten Armee ihre Macht im Zentrum Russlands. Erst danach versuchten sie von dieser Basis aus ihren Einflussbereich auszudehnen. Dabei spielte die Eisenbahn eine wichtige Rolle, denn mit Hilfe des Schienenverkehrs konnten wichtige Armeeeinheiten schnell verlegt werden. Als zusätzlicher Vorteil für die Bolschewiki kam hinzu, dass sich große Teile des russischen Schienennetzes auf Petrograd und Moskau konzentrierten. Aus diesem Grund verfügten sie über ein Schienennetz, auf dem Loks und Wagen je nach Bedarf von Strecke zu Strecke verschoben werden konnten.

Eng gepfercht wurden die Soldaten in den Wagen transportiert. In diesem Fall treffen sich Amerikaner auf dem Weg nach Westen mit Tschechen auf dem Weg nach Osten mitten in Transbaikalien.

Freiwillige Arbeitsleistungen – Subotniks – der Werkstattarbeiter des Depots Tschelyabinsk ermöglichten 1920 die Reparatur der Dampflok Es-350 »Kommunar«, die nun wieder eingesetzt werden konnte.

Die Besatzung eines Panzerzuges der Roten Armee pausiert im Jahr 1918 auf dem Weg zur Front, wo sie wieder auf die Truppen der Weißen Armee treffen wird.

Während des Bürgerkriegs erfolgten zahlreiche Angriffe auf das Territorium der Bolschewiki. Bei ihrer Abwehr spielte die Eisenbahn immer eine sehr wichtige Rolle. Die Methode war einfach aber effizient: Sobald ein feindlicher Angriff an einer Frontlinie abgewehrt war, bestiegen die erfolgreichen Verbände der Roten Armee wieder einen Zug und wurden zu einem anderen Frontabschnitt gebracht, wo sie erneut ins Kampfgeschehen eingriffen. »Es gab Zeiten, da nicht weniger als zwei Drittel der Roten Armee auf derartigen Massentransporten unterwegs waren«, berichtet der Historiker J. N. Westwood in seinem Buch über die Geschichte der russischen Eisenbahnen.

Vor allem die erste Phase des Bürgerkriegs gilt deshalb als »Eisenbahnkrieg«. Umgekehrt machte gerade diese wichtige strategische Rolle bei der Schlagkraft der Roten Armee das Eisenbahnnetz zum herausragenden Ziel der feindlichen Angriffe.

Drei Jahre dauerte der Bürgerkrieg. Dies wirkte sich auch erheblich auf die Eisenbahnen aus, deren Zustand sich zunehmend verschlechterte. Es traf vor allem jene Bahnlinien, die durch umkämpfte Gebiete mit sich ständig verändernden Grenzen führten. Gleichzeitig sorgte der fortschreitende Krieg für einen dramatischen Rückgang der Transportleistungen und in der Folge für einen Niedergang der Wirtschaft, der

Hunger und einen steigenden Mangel an Brennstoff zur Folge hatte.

Doch nicht nur fehlender Brennstoff, sondern auch die immer geringer werdende Anzahl an betriebsfähigen Lokomotiven bereitete zunehmend Probleme. Immer mehr Maschinen waren schadhaft abgestellt, gleichzeitig wurden immer weniger Loks repariert. Die Gründe lagen in den Werkstätten: zu wenig Material, ebenfalls ein Mangel an Brennstoffen und nicht zuletzt stark demotivierte Arbeiter. Da die Lokfabriken Munition herstellten und Panzerzüge bauten, rollten auch immer weniger Lokomotiven aus den Werkhallen:

*Eine Zusammenkunft der Bolschewiken im Jahr 1919
während des Bürgerkriegs*

1917	420 Lokomotiven
1918	214 Lokomotiven
1919	100 Lokomotiven

Soldaten der Roten Armee als Gefangene der US-Truppen in Archangelsk 1918.

Auf dem Bahnsteig in Odessa warten 1920 zwei Kosaken und ein Offizier der Weißen Armee. Am 6. Februar 1920 eroberte die Rote Armee die Stadt.

Das dramatische Ergebnis dieser Entwicklung war ein starker Anstieg des Schadparks. Im Oktober 1917 waren noch 75 Prozent aller Loks betriebsfähig, im September 1920 waren es von 17.577 Maschinen nur noch 7.296, also nur noch 41 Prozent.

Um die abnehmende Zahl betriebsfähiger Maschinen möglichst effizient zu nutzen, versuchte man die Laufleistung zu heben, indem die Loks einen zusätzlichen Wagen für zwei Lokpersonale erhielten, die sich auf der Lok gegenseitig ablösen sollten. Der Wagen war mit einem Ofen, Bänken und einer kleinen Werkstatt ausgestattet. Doch diese Idee stieß nur auf geringe Resonanz.

Eine besondere Aufgabe der Eisenbahnen bestand darin, aus den Gebieten, die von der Weißen Armee besetzt oder bedroht wurden, Menschen zu evaku-

ieren oder Lebensmittelvorräte, Produktionsanlagen oder Materiallager abzutransportieren. Und später natürlich wieder zurück. Da sich der Frontverlauf ständig veränderte, mussten diese Transportleistungen ständig erbracht werden. Westwood nennt für den Monat September 1919 die immense Anzahl von 12.000 Güterwagen, die allein für diese Einsätze benötigt wurden.

Mehrere tausend Güterwagen dienten außerdem auf Abstellgleisen als Behelfsquartier für Soldaten. Dies blockierte zusätzliche Wagen für den Transport und der mit diesen Einquartierungen einhergehende Vandalismus sorgte für einen zusätzlichen Ausfall von Wagen.

Die Statistiken zeigen, dass sich der Zugverkehr zwischen 1916 und 1918 praktisch halbierte.

Bis 1921 ging die Anzahl der Züge dann nochmals um die Hälfte zurück, so dass sich der Zugverkehr innerhalb von fünf Jahren um fast 75 Prozent reduzierte. Westwood hat für den Transport von Kohle und Getreide folgende Zahlen errechnet:

Jahr	Getreide (t)	Kohle (t)	alle Güter (t)
1913	18 Mio.	26 Mio.	132 Mio.
1918	1 Mio.	4 Mio.	37 Mio.
1919	2 Mio..	2 Mio.	30 Mio.
1920	3 Mio.	4 Mio.	32 Mio.

(Westwood, Gesch. der russ. Eisenb., S. 171)

Lenin, Woroschilow und Trotzki am 21. März 1921
bei den an der Niederschlagung des Kronstädter
Aufstands beteiligten Delegierten des X. Parteitags der KPR (B) in Moskau.

Dieser Rückgang erklärt sich auch vor allem mit den direkten Einwirkungen des Bürgerkriegs auf den Verkehr der Eisenbahnen. Vor allem Militärtransporte hatten absoluten Vorrang. Schätzungen besagen, dass die Eisenbahnen im Verlauf des gesamten Bürgerkriegs insgesamt rund 25 Millionen Soldaten der Roten Armee von Einsatzort zu Einsatzort transportierten. J. N. Westwood hat dieses Hin und Her anschaulich beschrieben:

»Im Frühjahr 1919 warf man Truppen und Material nach dem Fernen Osten, um Koltschaks Armee zu schlagen. Im Sommer folgte der Rücktransport nach Westen zur Hilfeleistung an das durch Judenitsch bedrohte Petersburg, anschließend die Verschiebung nach Tula und Orel, wo die Truppen den Druck Denikins von Süden auffangen sollten. 1920 transportierte man die Truppen westwärts zum Kampf gegen die Polen, dann nach Süden zum Stoß gegen Wrangel.«

Kein Personenverkehr

Fahrplanmäßige Personenzüge verkehrten während des Bürgerkriegs fast nicht mehr. Dies hatte nicht nur seinen Grund darin, dass die Strecken mit Militär- und Güterzügen belegt waren, sondern auch weil schlichtweg Personenwagen fehlten: Während der Demobilisierung der Armee nach der Oktoberrevolution und dem Friedensschluss von Brest-Litowsk hatten die Soldaten nicht nur Züge ausgeraubt, sondern auch die Inneneinrichtung zahlloser Wagen mutwillig zerstört.

Die Not trieb auch die Bauern dazu, ganze Züge zu plündern. Daraufhin ließ die Regierung die Güterzüge von bewaffneten Wachmannschaften begleiten. Trotzdem kam es weiterhin zu Überfällen.

Als im Winter 1917/1918 keine ausreichenden Mengen an Brennstoff vorhanden waren, ruhte in der Region Moskau für drei Tage der Verkehr. Zahlreiche Züge blieben stehen und wurden von ihren Begleitmannschaften aufgegeben, besonders auf den Bahnlinien Rjasan–Ural und Moskau–Kiew–Woronesch. Auch diese Züge wurden für Plünderer eine leichte Beute.

Im Jahr 1918 wurde die Wagenklassen aufgehoben und die 3. Klasse als Standard festgelegt. Ein Erlass aus dem Jahr 1919 erlaubte die Fahrt mit Fernzügen nur noch mit einem Ausweis, den man wiederum nur bei Vorlage eines Dokuments erhielt, das stichhaltige Gründe für die Reise belegte. Vertreter des Volkskommissariats für innere Angelegenheiten kontrollierten auf den Bahnhöfen die Einhaltung dieses Erlasses.

Trotzki übernimmt die Eisenbahnen

Zusehends verschlechterte sich die Lage der Eisenbahnen. Besondere Probleme bereiteten die Arbeiten in den Werkstätten, die die Loks nicht schnell genug reparierten. Sie wehrten sich vor allem gegen die Akkordarbeit, die Anfang 1918 zusammen mit dem Prämiensystem abgeschafft wurde. Naturgemäß ging daraufhin die Produktivität weiter zurück. Doch sorgte in den Jahren 1919/1920 eine naheliegende Idee für eine Steigerung der Produktivität: Die Belegschaft einer Werkstatt mit guter Leistung bekam Kleider-, Lebensmittel- oder Brennstoffprämien.

Trotzkis Ankunft in Petrograd am 4. Mai 1917

Leo Trotzki im Jahr 1920

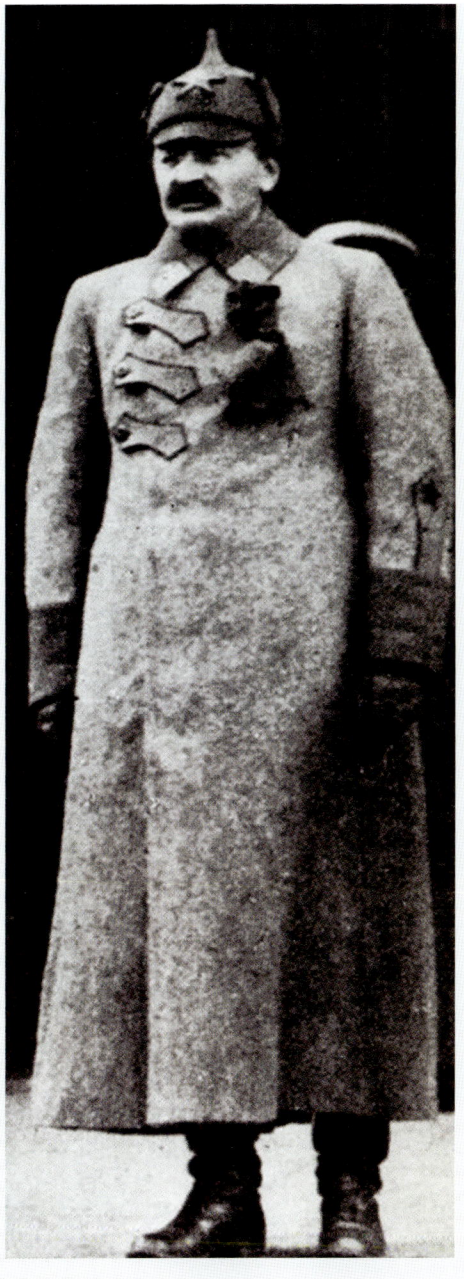

Trotzki in der Uniform eines Generals der Roten Armee (1918)

Schließlich war die Lage der Eisenbahnen so desolat, dass im März 1920 Leo Trotzki als Kommissar für das Verkehrswesen berufen wurde. Seine Analyse für den Verfall des Eisenbahnwesens war schonungslos: Die Arbeitsmoral sei verfallen, weil die besten Kräfte an die Front abgezogen worden wären. Gleichzeitig kontrollierten Kollegen ohne fachliche Qualifikationen die Arbeiter, Trotzki nannte dies »Überwachung von Fachleuten durch Nichtskönner«.

Trotzki in den 1920er Jahren: Seit März 1918 war Volkskommissar für Krieg und Marine, doch wurde er 1927 aus der Kommunistischen Partei ausgeschlossen und 1929 aus der Sowjetunion ausgewiesen. 1940 ermordete ihn ein sowjetischer Agent in Mexiko-City.

Trotzki versuchte die Probleme zu lösen, indem er wichtige Stellen in der Verwaltung mit Militärs besetzte. Gleichzeitig fielen das Importverbot für Lokomotiven und ihre Bauteile und die Werkstätten sollten zukünftig rund um die Uhr arbeiten. Diese Veränderungen führten zwangsläufig zu einer Auseinandersetzung mit den mächtigen Gewerkschaften, die ihren Einfluss nicht sogleich preisgeben wollten.

Als 1921 das Politische Eisenbahn-Hauptdepartement und das Zentralkomitee der Transportarbeiter – beide unterstützten die Militarisierung der Eisenbahnen – aufgelöst wurden, schien der Kampf zu Gunsten der Gewerkschaften entschieden.

Doch in den folgenden Jahren wandelten sich die Gewerkschaften von einer reinen Interessenvertretung der Eisenbahner zu einem Mittler zwischen den staatlichen Organen und den Eisenbahnern. Damit bestand ihre Aufgabe häufig darin, Entscheidungen des Staates bei den Eisenbahnen durchzusetzen.

Zustand der Eisenbahnen 1917

Am 3. August 1918 berichtete der amerikanische Eisenbahningenieur J. Greiner in der Railway Review über den Zustand der russischen Eisenbahnen im Frühling 1917. Zu diesem Zeitpunkt hatten die russischen Eisenbahnen einen Bestand von rund 17.600 Lokomotiven und 590.000 Güterwagen, davon 13.000 Vierachser aus amerikanischer Produktion. Etwa 15 Prozent der Dampfloks wurden noch mit Holz befeuert. Die durchschnittliche Laufleistung der Lokomotiven pro Monat lag bei rund 2.400 km. Schätzungen gingen davon aus, dass zusätzlich knapp 90.000 Güterwagen benötigt wurden und pro Jahr 3.000 neue Dampfloks beschafft werden mussten. Den wichtigsten Bahnstrecken wurde ein guter Zustand attestiert. Beim Gleisbau nutzte man vornehmlich das Kiesbett. Während auf der Nikolai-Bahn 43,6-kg-Schienen verbaut waren, rollten die Züge auf anderen Hauptstrecken auf 33,5-kg-Schienen. Die gut konstruierten und unterhaltenen Brücken galten aber teilweise als zu schwach und aufgrund des Alters als erneuerungsbedürftig. Erheblichen Investitionsstau gab es auch im veralteten Werkstättenwesen.

Das russische Eisenbahnnetz im Jahr 1917 auf einer historischen Karte.

Map of Roads of Communication of Russian Empire

КАРТА ПУТЕЙ СООБЩЕНІЯ РОССІЙСКОЙ ИМПЕРІИ.

Der Wiederaufbau der russischen Eisenbahn

Gleise, Loks und Wagen sind nicht einsatzfähig

Im Jahr 1921 drohte der Zusammenbruch der russischen Eisenbahnen. Nach dem Ersten Weltkrieg und dem sich fast nahtlos daran anschließenden Bürgerkrieg waren in fast allen Regionen sowohl die Infrastruktur als auch der Fahrzeugpark in einem mehr als desolaten Zustand. Selbst offizielle Statistiken zeichneten ein düsteres Bild. Danach waren bei den Kampfhandlungen knapp 1.900 km Streckengleise beschädigt worden. Allein 30 Millionen Schwellen mussten ersetzt werden. Hinzu kam, dass es rund sechs Jahre lang keine Unterhaltungsarbeiten an der Infrastruktur der Eisenbahnen gegeben hatte. Das betraf auch zahlreiche Brücken. Außerdem waren rund zwölf Prozent aller Eisenbahnbrücken zerstört oder schwer beschädigt worden. Es hatte auch Brücken getroffen, die die großen Flüsse des Landes überqueren, wie beispielsweise die Wolga oder den Dnjpr.

Nicht besser sah es bei den Fahrzeugen aus: zahllose Loks und Wagen waren beschädigt. Der Rat für Arbeit und Verteidigung gab deshalb im Januar 1921 einen Erlass heraus, nachdem die Reparaturen von Loks und Wagen dringlich seien und die Werkstätten deshalb vordringlich mit Material und Sonderrationen für hohe Reparaturleistungen versorgt werden würden. Nichtsdestoweniger blieb es eine Herkulesaufgabe: Westwood nennt für den Winter 1921/22 die Anzahl von 12.000 abgestellten Lokomotiven, die einen großen Reparaturbedarf aufwiesen.

Offizielle Statistiken geben an, dass 1921/1922 von rund 19.000 Loks im Bestand 64 Prozent nicht betriebsfähig waren, also fast zwei Drittel. Für 1924/1925 geben die Statistiken einen Bestand von 20.300 Loks an, von denen mit 52 Prozent etwas mehr als die Hälfte nicht betriebsfähig war. 1925/1926 betrug der Anteil nicht betriebsfähiger Lokomotiven am Bestand 45 Prozent. Er sank 1926/1927 nochmals weiter auf 39 Prozent und erreichte 1927/1928 mit 18 Prozent schließlich das Vorkriegs- und Vorrevolutionsniveau von 1913. Trotzdem blieb die Anzahl der Haupt- und Zwischenreparaturen auf einem vergleichsweise hohen Stand: Statistisch erhielt 1927/1928 jede Lok pro Jahr eine Haupt- oder Zwischenausbesserung.

Die Lage bei den Güterwagen war nur geringfügig besser, bis zu einem Drittel der Wagen waren zeitweilig im Schadpark abgestellt. Den höchsten Wert verzeichnete die Statistik für die Jahre 1922/1923, als 32 % des Bestands von 405.000 Güterwagen nicht einsatzbereit waren.

Nur langsam besserte sich die Lage, denn erst 1925/1926 ging der Anteil der schadhaften Wagen auf etwa 25 Prozent des Bestandes zurück um 1927/1928 schließlich mit 7,2 Prozent von 468.000 Güterwagen das Niveau von 1913 – damals waren es acht Prozent gewesen – zu erreichen.

Beim Zustand der Infrastruktur war, wie eingangs erwähnt, die Lage ebenso angespannt wie beim rollenden Material. Man entschied sich deshalb dafür, die Bahnlinien in drei Klassen einzuteilen und entsprechend zu versorgen:

Der Verkehr auf den sowjetischen Eisenbahnen litt sehr unter dem Schlendrian des Personals. Dem versuchte man mit Propagandaplakaten entgegenzuwirken. Boris Vladimirovich Ioganson (1893 – 1973) schuf dieses anschauliche Beispiel 1931.

Klassen	Streckenanteil am Schienennetz	Versorgung
1	wichtigste Hauptlinien	ca. 40 Prozent werden bevorzugt mit Arbeitskräften und Material versorgt
2	Nebenstrecken (Zubringerlinien ohne Durchgangsverkehr; teilweise umgeleitet)	ca. 30 Prozent erhalten nur 50 Prozent ihres Bedarfs an Arbeitskräften und Material
3	Lokalbahnen	ca. 30 Prozent erhalten nur 30 Prozent ihres Bedarfs an Arbeitskräften und Material

Trotzdem fehlte es vor allem an Gleismaterial, denn dafür stand nicht ausreichend Stahl zur Verfügung. Stattdessen erneuerte oder reparierte man immer nur dort die Gleise, wo die Stilllegung aus technischen Gründen drohte. Waren Gleise noch nutzbar, so wurden bei Schäden einfach nur die zulässige Höchstgeschwindigkeit sowie der zulässige Achsdruck herabgesetzt. Mit anderen Worten: Die Züge waren langsamer und wurden von leichteren Loks gezogen. Material für die Reparaturen gewannen die Eisenbahner dadurch, dass sie die Gleise auf Nebenstrecken oder Lokalbahnen demontierten.

Vor dem Ersten Weltkrieg wurden in jedem Jahr ca. drei Prozent des Schienennetzes ersetzt, 1923/1924 waren es nur noch ein Prozent. Im Verlauf der folgenden Jahre konnte dieser Wert wieder auf das Vorkriegsniveau gesteigert werden, doch Westwood stellt fest: »*Die Linien mit leichtem Oberbau blieben noch für weitere drei Jahrzehnte die entscheidende schwache Stelle der sowjetischen Bahnen*«.

Im Vergleich zu den Problemen mit den Schienen waren die Schwierigkeiten mit den Schwellen fast schon marginal zu nennen. Mitte der 1920er Jahre galten 40 Prozent als zu alt, so dass sie erneuert werden mussten. Doch weil man für die Ersatzschwellen größtenteils unbehandeltes Holz verwendete, war deren Haltbarkeit nur äußerst begrenzt.

Außerdem mussten noch die bereits zuvor skizzierten Schäden an zahlreichen Brücken beseitigt werden. Wie bei der Streckensanierung wählte man auch hier einen pragmatischen Weg: Damit der Verkehr schnell wieder rollte, wurden viele Brücken in den Jahren 1921 und 1922 zunächst nur provisorisch wiederhergestellt. Daran an schlossen sich die eigentlichen Reparaturarbeiten, so dass 1922 und 1923 die wichtigsten und größten Brücken vollständig für den Verkehr zur Verfügung standen. Trotzdem bestand auch in der zweiten Hälfte der 1920er Jahre bei zehn Prozent der Brücken noch ein erheblicher Sanierungsbedarf. Ähnliches galt für die übrige Infrastruktur der Eisenbahn, die auch im Jahre 1928 noch nicht wieder die Qualität von 1913 erreicht hatte. Obwohl festzuhalten

Die Bedeutung, der der Wiederaufbau des Eisenbahnwesens beigemessen wurde, zeigt auch dieses Gemälde mit dem Titel: »Der Genosse Stalin in der Werkstatt der Eisenbahn in Tiblisi im Jahr 1926«.

ist, dass an wichtigen Knotenbahnhöfen mit einem starken Verkehrszuwachs die Bahnhofs- und Gleisanlagen sowie die Güterschuppen stark erweitert worden waren. Ebenso besagte die Statistik, dass der Fahrzeugpark wieder auf dem Niveau der Vorkriegszeit war. Doch Westwood bemerkt zu Recht, »*daß die meisten Wiederherstellungsarbeiten nach dem technischen Standard der Vorkriegsjahre ausgeführt wurden; der Stand von 1913 war im Jahre 1928 freilich nicht mehr ganz zeitgemäß*«.

*»Zusammenbau einer Lokomotive«
nannte der Maler V. V. Zovialov 1937
sein Gemälde.*

Die 1920er Jahre: In Deutschland werden sowjetische Lokomotiven gebaut

Bereits während des Bürgerkriegs war deutlich spürbar, dass der Lokomotivpark hoffnungslos überaltert war. Das macht allein die Tatsache deutlich, dass die Lokomotiven der Klasse O – eine Konstruktion aus dem Jahre 1893 mit der Achsfolge D – unter den Güterzuglokomotiven rund 50 Prozent des Bestands ausmachten. Ihr geringer Achsdruck machte die Lokomotiven universell einsetzbar, vor allem auf Strecken mit stark verschlissenen Gleisanlagen. Dies war ein unschätzbarer Vorteil gegenüber moderneren Loks, die meist auch schwerer waren.

Trotzdem war allen Beteiligten klar: Für die Zukunft benötigte man in großer Zahl moderne Lokomotiven. Doch auch hier griff man auf Bewährtes zurück. Bei den Güterzugmaschinen hatten sich in den vergangenen zehn Jahren die D-Kuppler der Klasse E als außerordentlich zuverlässig erwiesen. Diese Bauart erklärte man kurzerhand zum neuen Standardtyp. Doch bedingt durch Krieg und Bürgerkrieg war ihr Anteil am Gesamtbestand nie über fünf Prozent hinausgekommen. Somit bestand ein riesiger Bedarf an neuen Lokomotiven, den die eigene Industrie kurzfristig nicht decken konnte.

Die Güterzuglok Eg-5315 baute die Maschinenfabrik Karlsruhe in Baden im Jahr 1921.

Ein Pressefotograf hielt 1934 die Übergabe einer Dampflok der Baureihe IS 20 (vergl. Seite 73) an das neue Lokpersonal in Leningrad fest. Die nach Josef Stalin benannten Maschinen galten als die größten und stärksten Personenzugloks in Europa vor dem Zweiten Weltkrieg. Bei Probefahrten soll die Lok eine Leistung von 3200 PS erreicht haben. Der Einsatz der Lok gestaltete sich auf Grund der hohen Achslast von bis zu 21 t als schwierig, da sie wegen des schlechten Oberbaus nicht freizügig einsetzbar war. Bis 1972 waren alle 650 Maschinen ausgemustert. Als einzige Lok blieb IS 20 578 als Denkmal im städtischen Depot von Kiew auf Initiative des Vorstehers der Kiewer Eisenbahnverwaltung erhalten.

In den Jahren 1921 und 1922 sollte der Bau von Lokomotiven in der Sowjetunion 74 und 71 Exemplaren seinen niedrigsten Stand erreichen. Bis 1927 wuchs die Herstellung wieder auf 471 Exemplare. Doch im Jahr 1920 reichten diese Kapazitäten bei weitem nicht aus, um den Bedarf von 1.200 Maschinen kurzfristig zu decken. Deshalb entschloss man sich zu einem ungewöhnlichen Schritt und bestellte die kurzerhand 1.200 Exemplare der bewährten Baureihe E, deren Konstruktion aus der Zeit vor dem Ersten Weltkrieg stammte, im Ausland: 500 Exemplare in Schweden bei Nydqvist och Holm und 700 bei 19 Lokfabriken in Deutschland. Die Besonderheit dieses Auftrages bestand darin, dass alle Lokomotiven hundertprozentig miteinander übereinstimmen sollten, so dass alle Bauteile miteinander tauschbar waren.

Für Deutschland war der Auftrag von besonderer Bedeutung, denn alle Lokomotivfabriken, die wie die gesamte deutsche Industrie unter den Exportbeschränkungen des Versailler Vertrages litten, waren an seiner Abwicklung beteiligt.

Um die Arbeiten genau zu überwachen, wurde aus der UdSSR eine eigene Abnahmekommission entsandt. Diese hatte ihren Sitz bei der Lokfabrik Henschel & Sohn in Kassel und stand unter der Leitung Juri Wladimirowitsch Lomonossow (1876 – 1952). Dieser bedeutende russische Eisenbahnpionier zählte bereits den bekannten Universalgelehrten Michail Lomonossow (1711 – 1765) zu seinen Vorfahren. Juri Lomonossow blickte als Leiter der Abnahmekommission bereits auf eine interessante Karriere zurück. Er hatte am Institut für Verkehrswege studiert und dort später auch promoviert. Die Regierung von Alexander Kerenski (1881 – 1970) übertrug ihm im Sommer 1917 die Leitung der Russischen Eisenbahngesellschaft. Gleichzeitig verzeichnen die Annalen eine Tätigkeit als akkreditierter Botschafter in den Vereinigten Staaten. In Washington arbeitete er 1918 ebenfalls im Sowjetischen Informationsbüro, das sich um Industriegeschäfte kümmerte. Im Mai 1919 holte man ihn zurück nach Europa, wo er im Sommer desselben Jahres zusammen mit Leonid B. Krasin (1870 – 1926), bis 1917 Leiter von Siemens in Petersburg, eine Außenhandelskommission in Deutschland leitete. Juri Lomonossow gilt als der Vater des großen Lokomotivgeschäfts mit Schweden und Deutschland. In den Jahre 1924 und 1925 war er an Konstruktion und Bau der ersten funktionsfähigen Streckendiessellokomotive der Welt für die Transsibirische Eisenbahn beteiligt, die bei der Maschinenfabrik Esslingen entstand. Sie besaß diesel-elektrische Kraftübertragung.

Neben Henschel & Sohn waren in Deutschland noch weitere 18 Lokfabriken an der Lieferung der 700 Loks beteiligt. Die logistische und zeitliche Herausforderung war immens, denn die Maschinen sollten innerhalb von 18 Monaten fertig sein. Die sowjetische Abnahmekommission überwachte die Arbeiten akribisch. So unternahm sie, um die Präzision aller beteiligten Hersteller zu prüfen, einen spannenden Versuch: Sie ließ die Lok E-5616 aus Bauteilen aller Fabriken aus Schweden und Deutschland zusammensetzen. Das Experiment gelang und die Maschine konnte problemlos in Betrieb gesetzt werden.

Die Normung und Präzision bei der Produktion dieser Loktype gilt als Meilenstein im Lokbau und wurde von der internationalen Fachwelt damals mit großer Aufmerksamkeit verfolgt.

Auch heute noch kommen die Loks der Baureihe E bei besonderen Anlässen zum Einsatz: Bei der einer Übung der 38. Eisenbahnbrigade führte Eu 683-89 den ersten Zug über die gerade errichtete ein Kilometer lange Ponton-Eisenbahnbrücke NZHM-56 über die Wolga.

Das Werkstattpersonal versuchte die älteren Maschinen zu erhalten, so auch die Lok Shch-6517.

Die Firma Nydquist and Holm in Schweden baute 1924 die E^sh 4444. Sie kam 1997 vom Testring in Tscherbinka ins Eisenbahnmuseum in Moskau.

Dampflokomotive E-2432 wird im Lokomotivdepot von Saratov bewahrt.

Auch Lok Э-1112 blieb im Eisenbahnmuseum von Nischni Nowgorod der Nachwelt erhalten.

FD 20

Im Jahr 1930 berechnete das Technische Büro der Transportabteilung die technischen Anforderungen an die zukünftigen Loks der drei Traktionsarten Dampf, Diesel und Strom für die sowjetischen Eisenbahnen. Dies war notwendig geworden, weil zur Bewältigung des wachsenden Güterverkehrs leistungsfähigere Loks benötigt wurden, die problemlos auf der vorhandenen Infrastruktur verkehren konnten. Schließlich legte das Büro im Frühling 1931 den ersten Entwurf für eine Güterzuglok vor. Die Maschine sollte die Achsfolge 1'E'1 h2 haben sowie eine Achsfahrmasse von 20 t und dabei eine Zugkraft von 200 kN aufweisen. Aus diesem Grund entwickelte man eine Lok mit einer Reibungsmasse von 100 t und einer Dienstmasse von rund 137 t. Bereits Ende Oktober 1931 fertigte das Herstellerwerk »Oktoberrevolution« in Woroschilowgrad das erste Exemplar der neuen Gattung. Zulieferer waren der Maschinenbaubetrieb Kolomna (Stahlzylinder, Rahmen des hinteren Lenkgestells), der Betrieb Ishorsk (Platten des Grundrahmens) und das Werk »Krasnoje Sormowo« (Kesselstanzbleche). Als Namenspatron für die neue Type FD 20 wählte man den Revolutionär Felix Edmundowitsch Dzierżyńsk (1877–1926), den Gründer der ersten Geheimpolizei der Sowjetunion. Die Zahl 20 wies auf die Achsfahrmasse der Maschine hin. Die neue Gattung wies diverse konstruktive Fortschritte auf: Die Radialfeuerbüchse mit Nachverbrennungskammer erhielt außerdem Wasserumlaufrohre und eine mechanische Beschickung (Stoker). Die in Form von Halbblöcken gegossenen Zylinder umfassten außerdem die Schieberkammer, die vor-

Stolz präsentieren sich die Eisenbahner des Depots Atkarsk mit der Lok E-5474. Die Maschine hat als erste im Depot eine Untersuchung erhalten.

Drei Superlokomotiven der 1930er Jahre

Nachdem man Anfang der 1920er Jahre noch Lokomotiven aus Deutschland und Schweden in großer Zahl importierte, um die größten Lücken im Lokpark zu schließen, ging der sowjetische Lokbau spätestens seit dem Ende der 1920er Jahre eigenständige Wege. Drei der in der Folge entstandenen Konstruktionen sind dabei besonders hervorzuheben.

Die FD 20-2 gehörte zu den Baumustern der neuen Baureihe.

Die Kondenslokomotive FDK gehörte zu den Sonderbauarten.

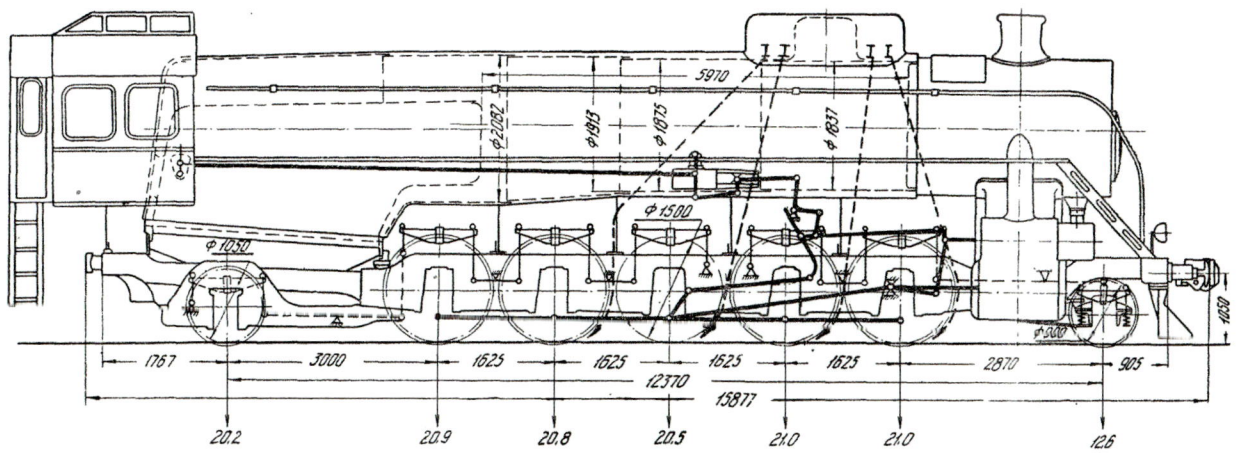

Hauptabmessungen der Baureihe FD 20

dere Rahmenverbindung und die Rauchkammer-
abstützung. Für die Verbindung untereinander
und mit dem Rahmen sorgten Schrauben. Treib-
und Kuppelstangen hatten erstmals im russischen
Lokbau geleitende Buchsen für feste Schmierstoffe.
Ebenfalls erstmalig war der Bau eines sechsachsigen
Tenders.

*Gut gepflegt empfängt FD 20-1237 die
Besucher im Eisenbahnmuseum Brest.*

Achsfolge	1′E1′h2
Zylinderdurchmesser (mm)	670
Kolbenhub (mm)	770
Treibraddurchmesser (mm)	1500
Dienstgewicht (t)	135 … 137
Rostfläche (m²)	7,04
Überhitzerheizfläche (m²)	148,4
Kesseldruck (MPa)	1,5
Höchstgeschwindigkeit (km/h)	65 (später 85)

Die Versuchsfahrten am Jahresbeginn 1932 führten
zu einem positiven Ergebnis, denn die Lok erfüllte
mit einer Leistung von 3000 PS die in sie gesetzten
Erwartungen.

Aus diesem Grund bestimmte der 17. Parteitag der
KPdSU, die Gattung FD als Grundtyp des Güter-
zuglokparks für den zweiten Fünfjahresplan. Im
August 1933 begann die Serienproduktion von fast
3000 Exemplaren.

Die Gattung erfuhr mehrere konstruktive Änderungen und wurde im wieder für Versuche herangezo-
gen.

Uwe Jarchow zeichnete die FD 20.

IS 20

Eng mit der Entwicklung der Güterzuglok der
Reihe FD 20 ist die Entwicklung der Reisezuglok
der Reihe IS 20 verbunden, teilen sich doch beide
Gattungen wichtige Bauteile. Auch mit ihrer Konstruktion wurde im Jahr 1931 begonnen. Ebenso wie
bei der Baureihe FD 20 sollte die Achsfahrmasse
20 t nicht überschreiten und so viele Bauteile wie
möglich sollten zwischen beiden Baureihe aus-
tauschbar sein.

Die neue Lok sollte sowohl schnell sein als auch
über eine hohe Zugkraft verfügen, denn sie sollte
schwere Post-, Personen- und Schnellzüge beför-
dern. Deshalb entschieden sich die Konstrukteure
für die Achsfolge 1'D2'. Mit einem Treibraddurch-
messer von 1.850 mm ermöglichte dies eine
Höchstgeschwindigkeit von 100 km/h. Gemäß den
Vorgaben übernahmen die Konstrukteure Kessel
und Zylinder von der Reihe FD 20.

*Die fabrikneue Lok IS 20-1 zum
Zeitpunkt ihrer Auslieferung.*

*IS 20-241 wurde auf der Weltausstellung
in Paris 1937 präsentiert.*

Links: Dampflokomotive IS 20-8 kurz vor ihrer Fertigstellung in den Werkhallen des Dampflokomotivwerks Woroschilowgrad.

IS 20-16 erregte mit ihrer spektakulären Stromlinienverkleidung überall Aufsehen.

Unten: Hauptabmessungen der Baureihe IS 20 aus der Produktionszeit 1936 bis 1940.

Achsfolge	1´D2´h2
Zylinderdurchmesser (mm)	670
Kolbenhub (mm)	770
Treibraddurchmesser (mm)	1850
Dienstgewicht (t)	133
Rostfläche (m²)	7,04
Überhitzerheizfläche (m²)	148,4
Kesseldruck (MPa)	1,5
Höchstgeschwindigkeit (km/h)	100 (später 115)

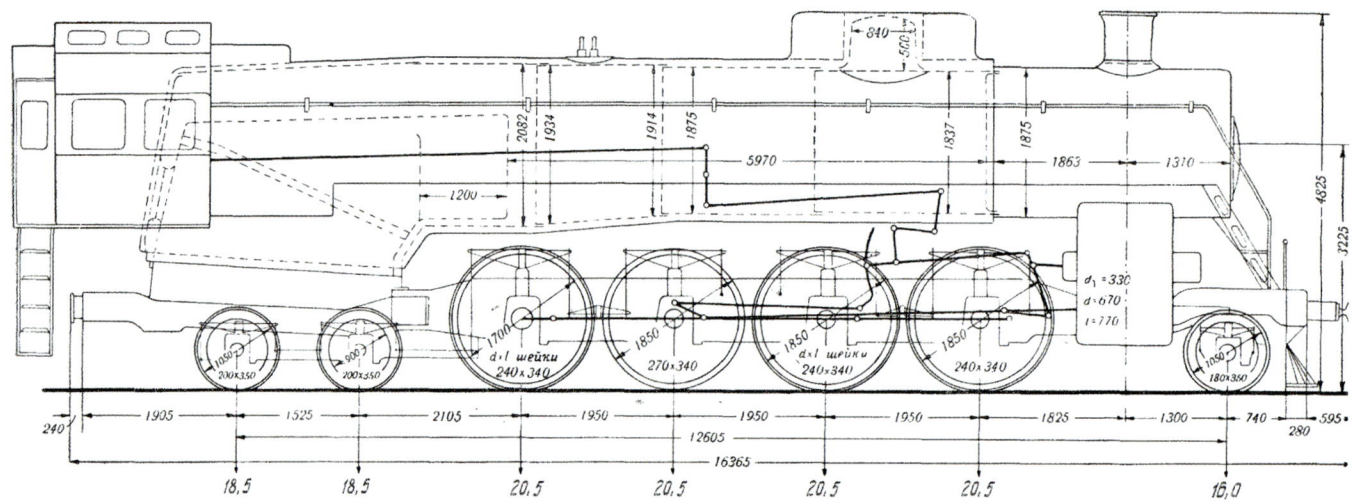

Detaillierte Zeichnung einer IS 20

Bereits am 4. Oktober 1932 rollte die erste Maschine aus den Werkhallen des Maschinenbaubetriebs Kolomna. Zu Ehren von Josef Wissarionowitsch Stalin erhielt sie die Bauartbezeichnung IS. Bei den Probefahrten erbrachte die neue Maschine eine Leistung von bis zu 3200 PS, unter normalen Betriebsbedingungen waren es 2.500 PS. Ein Stoker erleichterte wie bei der FD 20 die Arbeit des Heizers. Hinzu kamen Heißdampfregler, ein Vierloch-Blasrohr mit getrennten Düsen, Stahlgusszylinder, statisch bestimmte Fderaufhängung mit oben liegenden Federn und weitere Bauteile aus der FD. Die angestrebte Höchstgeschwindigkeit von 100 km/h wurde erreicht und konnte später auf 115 km/h erhöht werden.

Es gab in der Folge noch verschiedene Bauartänderungen. Eine Besonderheit stellte die Lok IS 20-16 dar, die Scheibenräder und dem Zeitgeist entsprechend eine Stromlinienverkleidung erhielt. Damit erreichte sie eine Höchstgeschwindigkeit von 155 km/h.

Dem Zeitgeist der 1930er Jahre entsprechend erhielt die Lok IS 20-16 eine Stromlinienverkleidung.

In der des Bahnhofs Kiev Passazhirsky erinnert IS 20-578 an die Zeit der Dampflok.

AA 20-1

Mit der Lokomotive AA 20-1 schufen die Konstrukteure die weltweit erste und einzige Dampflok mit
sieben Treibachsen in einem starren Rahmen. Ihre
Kessel gehörten in der Mitte der 1930er Jahre zu
den größten europäischen Dampferzeugern.

Entwickelt hatten die Lok mehrere Ingenieure, die
gerade ihr Studium am Institut für Eisenbahn-In-
genieure beendet hatten. Mit ihrer Konstruktion
wollten sie bei einer Achsfahrmasse von 20 t die

Aus jeder Perspektive war die AA 20-1 eine imposante Erscheinung.

Achsfolge	2′G2′h2
Dienstgewicht (t)	208
Rostfläche (m²)	12
Länge Kesselrohre (mm)	2430
Kesseldruck (MPa)	1,7
Höchstgeschwindigkeit (km/h)	70

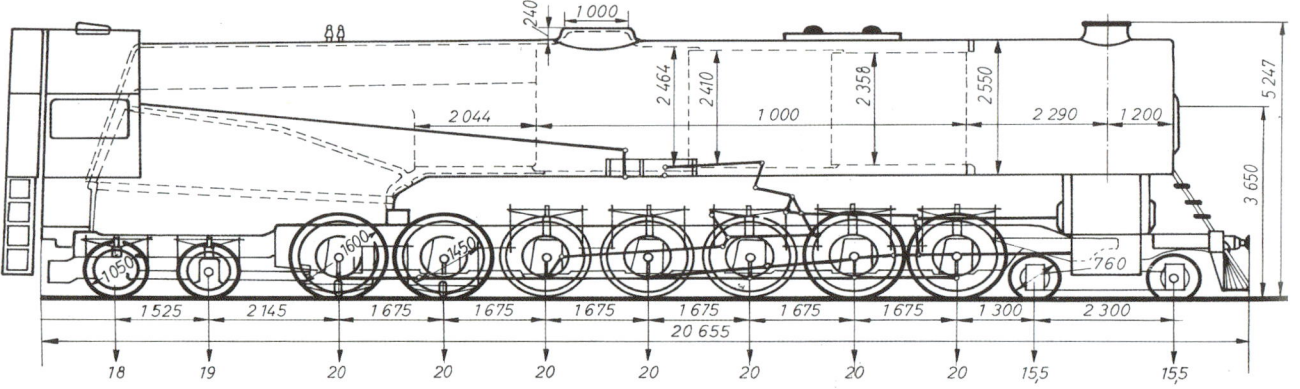

*Die detaillierte Seitenansicht macht die Größe
der gewaltigen Lok deutlich.*

Deutlich lesbar stand an der Rauchkammer der Lok »A. Andreev«.

größtmögliche Leistung bei niedrigeren Betriebskosten erreichen. Als Brennstoff sollte minderwertige Kohle verwendet werden. Damit sollten Gelenklokomotiven mit zwei Triebwerken überflüssig werden.

Die Maschine erhielt die Achsfolge 2′G2′h2. Die jungen Konstrukteure rüsteten sie mit einer Radialfeuerbüchse, einem Dampfüberhitzer der Bauart Tschusow, einem Barrenrahmen sowie einem Bissel-Drehstell hinten und einem zweiachsigen Alco-Drehgestell vorne aus.

Für eine gute Bogenläufigkeit sorgte beim vorderen Drehgestell eine Seitenbeweglichkeit von 145 mm, beim hinteren von 265 mm. Die Seitenverschiebbarkeit des ersten Kuppelradsatzes betrug 27 mm, die des siebten 35 mm. Der dritte, vierte und fünfte Kuppelradsatz besaß keine Spurkränze.

Am 1. Januar 1935 brachte man die Lok nach Moskau. Bei einer Testfahrt beförderte sie einen 2800-t-Zug auf einer 10-Promille-Steigung mit 40 km/h und entwickelte dabei eine Leistung von 3.700 PS.

Die Ernüchterung folgte bei weiteren Probefahrten, die die wesentlichen Fehler der Konstruktion offenbar machten. Außerdem beschädigte das Fahrwerk Gleise und Weichen, war zu lang für Drehscheiben und Lokschuppen. Die riesige Lok blieb ein Einzelstück.

Die Fünfjahrespläne
1928 bis 1990

ПОЕЗД ИДЕТ
ОТ ст. СОЦИАЛИЗМ
ДО ст. КОММУНИЗМ

ст. НАЗНАЧЕНИЯ
КОММУНИЗМ

ДЕЙСТВУЮЩИЙ
ГРАФИК

ГРАФИК
ИСПОЛНЕННОГО ДВИЖЕНИЯ
БОЛЬШЕВИСТСКОГО ПОЕЗДА

НАЗВ. СТАНЦИЙ

СОЦИАЛИЗМ

ст. ОТПРАВЛЕНИЯ
СОЦИАЛИЗМ

ОКТЯБРЬ 1917

ПРАВДА 1912

ИСПЫТАННЫЙ
МАШИНИСТ
ЛОКОМОТИВА
РЕВОЛЮЦИИ
т. СТАЛИН

ДЕКАБРЬ 1905

ИСКРА 1900

Pavel Petrovich Sokolov-Skalya (1899-1961) schuf 1939 dieses Plakat, das die Produktionssteigerungen bei der Eisenbahn zum Thema hatte.

Ein Fünfjahresplan ist in zentralen Verwaltungswirtschaften ein beliebtes Instrument zur Planung volkswirtschaftlicher Aktivitäten. Er enthält in der Regel Vorgaben für die zu erbringenden Produktionen und Dienstleistungen und legt unter anderem Investitionen, Preise und Löhne fest. Nicht nur die Sowjetunion strukturierte ihre Wirtschaft in Fünfjahresplänen, auch die ehemalige DDR, Südkorea, China und andere stellten Fünfjahrespläne auf.

Regelmäßig wurde verkündet, dass der Fünfjahresplan erfüllt oder sogar übererfüllt wurde. Dies hatte wenig mit der Realität zu tun, weil viele funktionsfähige Wirtschaftszweige der Erfüllung der Fünfjahrespläne geopfert wurden, sogar die hungernde Bevölkerung wurde in Kauf genommen.

Beim Bau der Turksib (vergl. Seite 82) wird ein fertiges Gleisjoch auf das Planum abgesenkt.

Viktor Alexandrovitsh Turin drehte 1929 einen Dokumentarfilm über den Bau der Turksib. In einer Szene nähert sich die neugierige Bevölkerung auf unterschiedlichen Reittieren dem neuen Verkehrsmittel.

Der Plan

Der Bevölkerung in der Sowjetunion ging es schlecht, die Wirtschaft lag darnieder. Das änderte sich ab 1928. Die Industrialisierung der Sowjetunion war eng verknüpft mit der unter dem Diktator Josef W. Stalin (1878–1953) zu verantworteten Umstrukturierung von einer Agrargesellschaft zu einer Industriegesellschaft. Ziel der Staatsführung war auch die Modernisierung der Streitkräfte, was unmittelbar mit der Leistungsfähigkeit der sowjetischen Schwerindustrie zusammenhing. Auf dem XIV. Parteitag wurde eine Umverteilung der Ressourcen zwischen Land und Stadt zu Gunsten der Schwerindustrie beschlossen. Nun musste ein Plan her.

Der erste Fünfjahresplan vom 1. Oktober 1928 bis 1. Oktober 1932 leitete eine Reihe ökonomischer, politischer, organisatorischer und ideologischer Maßnahmen ein. Ein Herzstück des ersten Fünfjahresplans war die Errichtung der Turkistan-Sibirischen-Eisenbahn (siehe Seite 82), die Sibirien mit Kasachstan, Kirgisien und Mittelasien verbinden sollte. Mit dem Bau wurde bereits 1926 begonnen. Mit dem ersten Fünfjahresplan begann die Epoche des großen Umbruchs. Die Eisenbahnen konnten mit ansehnlichen Leistungen aufwarten: 1928 93,4 Milliarden Kilometer, 1932 169,3 Milliarden Kilometer, 1940 415 Milliarden Kilometer jeweils im Güterverkehr. In den 1950er Jahren transportierten die russischen Eisenbahnen hauptsächlich Rohstoffe und Massengüter. Auch der Personenverkehr nahm stetig zu: 1928 wurden 291 Millionen Personen befördert, 1940 waren es schon 1.343 Millionen und 1956 1.658 Millionen Passagiere.

(J. N. Westwood, Geschichte der russischen Eisenbahnen, Zürich 1966.)

Die Post von Kasachstan er-
innerte mit einer Briefmarke
an den Bau der Turksib.

Verlegung der Gleise beim Bau der Turksib
im Jahre 1929.

Es gab aber ein Problem, und das war die Geschwindigkeit: Die Güterzüge schafften 14,1 bis
14,2 km/h, später bis 1934 50 km/h. Die tägliche
Laufleistung der Güterzüge stieg von 137 Kilometern 1928 auf 150 Kilometer im Jahr 1934. Es
erhöhte sich aber auch die Unfallrate. Qualifizierte
Eisenbahningenieure arbeiteten in den Büros statt
auf der Strecke, die Arbeitsmoral der Arbeiter war
mangelhaft. Deshalb stellte die Partei folgende
Forderungen auf: Hebung der Disziplin und der
Zusammenarbeit bei den Arbeitern, Kampf gegen
»Saboteure« und verbesserte technische Ausbildung der Arbeiter. 1939 wurde eine monatliche
Güterwagenplanung eingeführt.

Dieser erste Fünfjahresplan trug hauptsächlich
dazu bei, dass die Sowjetunion den Zweiten Weltkrieg gewann, weil mehr Waffen in neuen Fabriken
gebaut werden konnten. Der Ausbau der Schwerindustrie vernachlässigte aber die Produktion von
Konsumgütern; die Produktion von Industriegütern
hatte Vorrang. Durch eine Mischung von Enthusias-
mus, Massenmobilisierung und Repressalien verwandelte sich die Sowjetunion in ein Industrieland.
Durch den wirtschaftlichen Aufschwung durch
die ersten Fünfjahrespläne stieg die Sowjetunion
rasch zu einer Weltmacht auf, das war aber verbunden mit rücksichtslosen und brutalen staatlichen
Zwangsmaßnahmen. Obwohl es zu einer Knappheit
des Getreides kam, ließ Stalin Getreide exportie-
ren, um mit den Erlösen Maschinen und technische
Anlagen zu kaufen. Die Bauern erhielten nicht mehr
den regulären Preis für ihre Getreide. Dadurch kam
es zu einer schrecklichen Hungersnot im Land. Das

kostete geschätzte über 14 Mio. Menschen das Leben.

Der dritte Fünfjahresplan wurde 1941 durch den deutschen Überfall unterbrochen. Der Eisenbahnverkehr reduzierte sich um die Hälfte des Vorkriegswerts, aber noch während des Kriegs begann man Eisenbahnlinien wiederherzustellen. Und nach dem Ende des Kriegs 1945 dauerte es nur wenige Jahre, bis der Vorkriegsstand des Schienenverkehrs wieder erreicht worden war. In den folgenden Jahren nahm der Schienenverkehr rapide zu.

Gustav Klutsis (1895 – 1938) gestaltete 1929 dieses Plakat, das die besondere Bedeutung des Baus der Turksib für das sowjetische Eisenbahnwesen unterstreicht.

Zwölf Fünfjahrespläne

So lautete die sowjetische Devise:

Der Plan ist Gesetz.
Seine Erfüllung ist Pflicht.
Seine Übererfüllung ist uns Ehre!

Die seit 1928 erarbeiteten Fünfjahrespläne wurden
von den jeweiligen Parteitagen der Kommunistischen
Allunions-Partei (Bolschewiki), ab 1952 Kommunisti-
sche Partei der Sowjetunion (KPdSU) genehmigt. Nur
einmal, es war der 4. Fünfjahresplan, wurde dieser vom
Obersten Sowjet genehmigt, und von 1959 bis 1965
gab es einen Siebenjahresplan. Der 13. Fünfjahresplan
von 1991 bis 1995 wurde nicht mehr realisiert.

1. Fünfjahresplan:	1928 bis 1932
2. Fünfjahresplan:	1933 bis 1937
3. Fünfjahresplan:	1938 bis 1942
4. Fünfjahresplan:	1946 bis 1950
5. Fünfjahresplan:	1951 bis 1955
6. Fünfjahresplan:	1956 bis 1960
7. Fünfjahresplan:	1959 bis 1965
8. Fünfjahresplan:	1966 bis 1970
9. Fünfjahresplan:	1971 bis 1975
10. Fünfjahresplan:	1976 bis 1980
11. Fünfjahresplan:	1981 bis 1985
12. Fünfjahresplan:	1986 bis 1990

Im Jahr 1991 fiel die Sowjetunion auseinander. Im
Jahr 1989 wurden auf der Schiene acht Mal so viele
Tonnenkilometer Fracht transportiert wie mit LKWs
auf den Straßen.

Die Turkestan-Sibirische Eisenbahn wird in müh-seliger »Handarbeit« errichtet.

Die Turkestan-Sibirische Eisenbahn

Noch vor dem 1. Fünfjahresplan wurde 1926 von
der Regierung unter anderem festgelegt, dass die
Turkestan-Sibirische Eisenbahn innerhalb von fünf
Jahren fertig gebaut sein muss. Diese Eisenbahn
verband die einzelnen Gebiete in Kasachstan,
Kirgisien, Sibirien und Mittelasien miteinander.
Davon versprach man sich eine Verbesserung
von Wirtschaft und Handel.

Die Turksib ist eine zweigleisige, teilweise elektrifizierte Eisenbahn der russischen Spurweite 1520 mm.
Sie wurde 1931 fertiggestellt und verband die auto-
nome sozialistische Sowjetrepublik Turkestan (heute
Kasachstan, Kirgisistan, Tadschikistan, Turkmenistan
und Usbekistan) mit der Transsibirischen Eisenbahn.

*Beginn des Baus der
Turksib, 1927*

Die Bahn von Nowosibirsk führt über Semei und
Almaty nach Arys in Kasachstan und misst 2.351
Kilometer.

Bereits 1915 wurden zwei Eisenbahnstrecken errichtet,
die später teilweise in die Turksib einbezogen wurden.
Das waren die 1915 eröffnete Altai-Eisenbahn von
Nowosibirsk nach Semai und die Eisenbahnstrecke
von Arys nach Taras und Almaty. Arys liegt an der
Trans-Aral-Eisenbahn, die 1906 fertiggestellt wurde.
Während der Februar- und Oktoberrevolution 1917
kam es zum Baustopp. Erst nach dem Ende der Revolution konnten die Bauarbeiten wieder aufgenommen werden. Stück für Stück konnte die Strecke 1921
bis Taras und 1924 über Lugowaja bis Bischkek, der
Hauptstadt vom Kirgisien, fertiggestellt werden.
Jetzt war die Strecke 550 Kilometer lang.

*Die Turksib ist fertiggestellt, die Arbeiter fahren
zur Eröffnungsfeier.*

Nachdem die Verbindung zwischen Mittelasien
und Sibirien hergestellt ist, ist der Bau der
Turksib beendet.

Filmplakat des so-
wjetischen Stumm-
films von Wiktor
Turin über den Bau
der Turksib, 1929.

*Im Eisenbahnknoten Shu, Kasachstan, zweigt die nörd-
liche Linie nach Astana von der Turksib (Taschkent–
Almaty) ab. Bemerkenswert ist der rote Stern auf der
Elektrolokomotive im Hintergrund, eine Erinnerung an
die sowjetische Vergangenheit.*

Unter erheblichem propagandistischem Aufwand
wurde ab 1927 die Verbindung beider Streckenteile
zu einem Großbauprojekt des 1. Fünfjahresplans
der Sowjetunion. Die Eisenbahnlinie führte durch
Steppen und Halbwüsten und verband die beiden
Strecken. Der Regisseur Wiktor Turin drehte 1929
noch während des Eisenbahnbaus der Turksib einen
Dokumentarfilm, der als wichtigstes russisches
Dokument und großartiger Stummfilm gilt (siehe
Seite 154). Die 1.452 Kilometer lange Strecke zwischen Semei und Lugowaja konnte 1931 eröffnet
werden. Nun war die gesamte Strecke der Turksib
vollendet – von Nowosibirsk bis Arys.

Diese großartige Eisenbahnlinie ermöglichte es nun,
das die Gebiete Sibiriens und Sowjetisch-Mittel-
asiens von Arys über die Trans-Aral-Eisenbahn, das
Ferghanatal, Duschnanbe sowie die bereits in den
1880er Jahren gebaute Transkaspische Eisenbahn
Samarkant, Buchara, Asgabat und Türkmenbasy am
Kaspischen Meer erreicht werden konnten.

*»... Gleichzeitig ist die Turksib ein unwiderlegbarer Beweis für
die Richtigkeit der Nationalitätenpolitik der Partei und der
Sowjetmacht, der davon zeugt, dass die übrigen nationalen Gebiete auf Grund solcher Bauten ihr allgemeines Kulturniveau
schneller heben und dabei auf dem Weg zum Sozialismus die
Epoche der kapitalistischen Entwicklung überspringen können.« (Ryskulow, Zur Eröffnung der Turksib.«*

*Der Bahnhof von Otar an
der Turksib*

*Im Eisenbahnknoten Shu, Kasachstan, zweigt die nördliche Linie nach Astana von der
Turksib (Taschkent–Almaty) ab. Bemerkenswert ist der rote Stern auf der Elektrolokomotive im Hintergrund, eine Erinnerung an die sowjetische Vergangenheit.*

Die Bahnverwaltungen der Turksib

Nachdem die Turksib am 2. Januar 1931 in Betrieb
ging, wurde eine eigenständige Bahnverwaltung,
die Turkestan-Sibirische Eisenbahn in Almaty
gegründet. Diese Verwaltung war jedoch nur für
einen Teil der Bahn zuständig.

Im Jahr 1958 wurden die Turkestan-Sibirische und
die Karaganda-Eisenbahn zur Kasachischen Eisenbahn in Almaty vereinigt. Ein Teil blieb bei der
Sibirischen Eisenbahnverwaltung, zunächst bei der
Tomsker Eisenbahn, von der die Altai-Eisenbahn
1918 übernommen wurde, ab 1934 bei der Ostsibirischen Eisenbahn und dann 1961 bei der Westsibirischen Eisenbahn. In den 1970er und 1980er
Jahren folgten weitere Reorganisationen.

Nach dem Zerfall der Sowjetunion (1990/1991)
verwaltete die Westsibirische Eisenbahn den auf
russischem Gebiet befindlichen Abschnitt bis zu
kasachischen Grenze. Die Strecke von dort nach
Arys und die meisten abzweigenden Strecken gehören seit 1991 zur Kasachischen Staatsbahn.

Seit 1989 begann die Elektrifizierung der Strecke
und erreichte 2001 Almaty. Seit 2003 verkehren
auf der Strecke Almaty–Schu Talgo-Expresszüge
in die Hauptstadt Astana; es sind die schnellsten
kasachischen Züge (siehe Seite 148).

Die einspurige Strecke von Lugowaja über Bischkek nach Balyktschy ist die einzige, längste und
nicht elektrifizierte Strecke Kirgisiens, auf der
Personenverkehr stattfindet.

Die Polarkreiseisenbahn

Die Polarkreiseisenbahn, die auch Stalinbahn, Stalineisenbahn oder Die tote Trasse genannt wird, befindet sich im nordwestlichen Sibirien; sie überquert die innereurasische Grenze und ist unvollständig. Der Ministerrat der Sowjetunion beschloss bei Igarka am Jenissei einen Hochseehafen zu bauen. Ursprünglich war der Bau der 1.459 Kilometer langen Strecke von 1947 bis 1953 (Spurweite 1520 mm) geplant. Sie sollte von Tschum an der Petschora-Eisenbahn, durch den Ural, den Fluss Ob bei Salechard kreuzend, durch das Westsibirische Tiefland bis zum geplanten Hochseehafen bei Igarka am Jenissei führen.

Aber an der geplanten Stelle des heutigen Nowy Port an der Westseite des Ob-Busens konnte wegen Wassermangels kein Hochseehafen gebaut werden, deshalb wurde das Projekt gestoppt. Inzwischen war jedoch die Bahnstrecke bis Labytnangi am Westufer des Ob fertig. Dieser Ort wurde in den 1940er Jahren als westlicher Ausgangspunkt für die geplante, aber bis heute nicht realisierte Überquerung des Ob gewählt. Das Ende der 196 Kilometer langen Eisenbahnstrecke ist Labytnangi. Diese Strecke zweigt bei Tschum von der Petschora-Eisenbahn Kotlas-Workuta ab und überquert den Ural. Hier handelt es sich um das einzige fertiggestellte Stück der Polarkreiseisenbahn. Es nahm 1948 den provisorischen und 1955 den regulären Betrieb auf. Der Ort ist heute die Basis für die Erdgasförderung und Zentrum des Holzumschlags.

Lebhaft geht es am 11. September 2007 auf dem Bahnsteig von Shu zu, als die Fahrgäste aus dem Zug von Astana nach Almaty steigen.

Links: Station Jelezkaja an der Polarkreiseisenbahn Richtung Polarural.

Rechts: Auf dem Markt vor dem Stationsgebäude können sich die Reisenden mit Proviant versorgen.

Scheinbar endlos breitet sich die Steppe bei der Fahrt
auf der Turksib durch Kasachstan aus.

Ursprünglich sollte die Bahn bis zu einem Kriegsmarinestützpunkt gebaut werden, jedoch führten die Stalinbahn mit ihren Baracken und die in den 1950er Jahren errichtete Infrastruktur 1966 zur Entdeckung des größten Erdgasvorkommens in der Sowjetunion.

Das Ende der Dampflokomotiven

Im 6. Fünfjahresplan (1956 bis 1960) hieß die Devise des XX. Parteitags der KPdSU zur Entwicklung der Volkswirtschaft der Sowjetunion: »Um die Beförderungskapazität der Eisenbahnen zu erhöhen, ist die technische Rekonstruktion der Eisenbahnzugförderung durchzuführen. Im breiten Maße sind elektrische und Diesellokomotiven einzusetzen, schon 1960 bis 45 Prozent des gesamten Güterumlaufs mit dieser Traktion zu realisieren.«

Außerdem wurde auf dem Parteitag beschlossen, »die Produktion von elektrischen und Diesellokomotiven weiter zu entwickeln und die Herstellung von Hauptstrecken-Dampflokomotiven einzustellen«.
Deshalb wurden 1956 zum letzten Mal Dampflokomotiven hergestellt. Durch die modernen elektrischen und Diesellokomotiven konnten große Mengen Brennstoffe eingespart, die Betriebskosten gesenkt werden und zugleich erhöhte sich die Beförderungskapazität.

Das sowjetische Volk hat zum Andenken an bedeutende historische Ereignisse, bei denen Lokomotiven eine wichtige Rolle spielten, Dampflokomo-

Der große Güterbahnhof von Shu: In diesem Knotenbahnhof kreuzt die Turksib die Transkasachische Eisenbahn nach Astana und Petropavlovsk.

tiven ein Denkmal gesetzt. So können Besucher beispielsweise in Sankt Petersburg im Finnischen Bahnhof die finnische Lok Nr. 293 bewundern, mit der Lenin am Vortag der Oktoberrevolution 1917 von Finnland illegal nach Russland reiste. In Moskau auf dem Pawelezer Bahnhof (Museum der Moskauer Eisenbahn) steht Lenins Bestattungszug, eine 4-6-0 Dampflok U-127 (russisch Y-127) und Le-

nins Leichentransportwagen Nr. 1691. Mit diesem Zug wurde der aufgebahrte Lenin von Gorki nach Moskau gebracht.

Dampfloks sind auch heute noch vorhanden und werden liebevoll gepflegt, weil sie auch zum Aufschwung der sowjetischen Volkswirtschaft beigetragen haben.

Die Eisenbahn im Zweiten Weltkrieg

Zwei Exemplare der Baureihe Oᴮ (Oᵂ): Die 1893 bis 1904 gebaute Oᴮ war die wichtigste Vertreterin von insgesamt nicht weniger als 8500 Maschinen der Gattung O. Mit den abgestellten Maschinen 6684 und 6809 der Direktion Odessa wird die Rumänische Staatsbahn als neue Eigentümerin wenig Freude haben: Die sowjetischen Eisenbahner haben beim Rückzug die Stangen mitgenommen. Die dritte Lok ist eine Щ (Schtsch), eine 1'Dn2 der Baujahre zwischen 1907 und 1911.

Der Große Vaterländische Krieg 1941 bis 1945

Am 22. Juni 1941 überfiel die deutsche Wehrmacht die Sowjetunion, die darauf nicht ausreichend vorbereitet gewesen war. Damit begann der »Große Vaterländische Krieg 1941 – 1945«, wie er bereits am darauffolgenden Tag von dem Politiker und Journalisten Jemeljan Jaroslawski (1878 – 1943) in einem Beitrag für die Parteizeitung »Prawda« genannt wurde. Diese Bezeichnung lehnte sich an den Begriff »Vaterländischer Krieg« für den gescheiterten Russlandfeldzug Napoleons von 1812 an. Im engeren Sinne war damit ein Verteidigungskrieg auf eigenem Boden gemeint. So überrascht es nicht, dass auch Josef Stalin in seiner berühmten Radioansprache am 3. Juli 1941 den Krieg gegen Deutschland so bezeichnete. Die Hauptaufgabe der Verteidigung bestand darin, den Deutschen bei jedem Schritt voran möglichst viele Verluste an Mensch und Material beizubringen. Außerdem wurde die gesamte Rüstungsindustrie vergrößert.

Josef Stalin forderte einen großen Einsatz der Bevölkerung, nicht nur von den Eisenbahnern: »Bei einem erzwungenen Rückzug von Truppenteilen der Roten Armee muss das gesamte rollende Material der Eisenbahn fortgeschafft werden, dem Feind darf keine einzige Lokomotive, kein einziger Waggon, kein Kilogramm Getreide, kein Liter Treibstoff überlassen werden. Die Kollektivbauern müssen das ganze Vieh wegtreiben und das Getreide zur Abbeförderung ins Hinterland dem Schutz der staatlichen Organe anvertrauen. Alles wertvolle Gut, darunter Buntmetalle, Getreide und Treibstoff, das nicht abtransportiert werden kann, muss unbedingt vernichtet werden.«

Aus Stalins Worten folgte die erste große Herausforderung für die Eisenbahnen in diesem Krieg: Noch im Jahr 1941 begann man auf Drängen des Militärs damit, Industrieanlagen aus den westlichen Regionen in die östlichen Landesteile zu evakuieren. Mit Hilfe von zahllosen Sonderzügen, für die es lediglich Betriebshalte gab, wurden komplette Fabriken inklusive ihrer Belegschaft dem Zugriff des Feindes entzogen. Dabei war die Beschaffung einer ausreichenden Anzahl an Wagen einfach und effizient: Dort wo Güterwagen für den Abtransport dringend benötigt wurden, leerte man einfach vorhandene Wagen, die mit

Nach dem Krieg würdigte man die Leistung der sowjetischen Eisenbahner auch in der Kunst: Genrikh Pavlovskiy porträtierte 1949 den Lokführer Pavel Fiodorov mit seinem Heizer.

Die erbeutete IS 20-113 von der Westbahn hat in Smolensk bereits die Anschrift »Deutsche Wehrmacht« erhalten.

Mit dem Ziel der »verbrannten Erde« setzte die Wehrmacht beim Rückzug zur Zerstörung des Oberbaus den »Schienenwolf« ein.

Die Mannschaft des links abgestellten Umspurzuges der deutschen Besatzer bei der Arbeit. Schwere Handarbeit ist nötig, um den Gepäckwagen aus der Zarenzeit anzuheben, die Drehgestelle herauszufahren sowie schließlich die Radsätze aus- und einzubauen.

Erst nach mehr als acht Monaten Belagerung nahm die Wehrmacht am 1. Juli 1942 die Festung Sewastopol auf der Südspitze der Krim ein. Nach den langen Artilleriekämpfen boten die Bahnanlagen der Hafenstadt ein Bild der Verwüstung.

Gütern beladen waren, die als strategisch unwichtig eingestuft wurden. Hinzu kamen zahlreiche Wagen, die Nachschub an die Front gebracht hatten und ohnehin wieder zurück ins Hinterland rollen sollten.

Umgekehrt verlängerten sich auch viele Transportwege. Beispielsweise vergrößerte sich der durchschnittliche Transportweg für Erz von 562 km im Jahr 1940 auf 836 km im Jahr 1942. Das entsprach einer Verlängerung von fast 50 Prozent. Ähnliches

galt für die Versorgung mit Kohle. Nachdem die Deutsche Wehrmacht das Donezbecken besetzt hatte, entfielen die Lieferungen mit der Donbas-Kohle. Stattdessen musste die Kohle aus Asien herangeschafft werden: Jetzt kam die Kohle aus dem Kusnezbecken und aus Karaganda. Das erhöhte die Transportwege um rund 161 km.

Wobei das eigentliche Problem nicht die verfügbare Zahl von Güterwagen war, sondern die

Kapazitäten der verschiedenen Bahnlinien. Außerdem bombardierte die deutsche Luftwaffe die Infrastruktur laufend. Um die Durchlässigkeit der Strecken zu erhöhen, entschied man sich dafür, auf vielen Bahnlinien die Züge »auf Sicht« fahren zu lassen, ähnlich wie bei Straßenbahn. Ebenfalls noch im Jahr 1941 erwiesen sich die Eisenbahnen als eine große Unterstützung bei der Verteidigung Moskaus gegen die deutschen Aggressoren. Obwohl die sowjetische Haupt-

Schwer beschädigt sind in Sewastopol auch die Rechteckschuppen älterer Bauart in diesem kleinen Betriebswerk. Schwer beschädigt ist die 1'C1'h2-Personenzuglokomotive der Reihe Su. Diese Type war erst 1935 – 1939 in knapp 600 Exemplaren beschafft worden. Bei den Gleisen ist der normalspurige Wiederaufbau im Gange.

stadt nur noch auf vier Bahnlinien erreichbar war, schafften es die Eisenbahner ausreichend Entsatztruppen vom Ural und aus dem asiatischen Raum bis zur sogenannten Gürtelbahn durchzubringen. Dort wurden die Züge entladen und sofort wieder zurückgeschickt. Diese Zügen, täglich bis zu 750 km zurücklegte, hatten auf den Strecken völlige Priorität vor allen anderen Zügen.

Doch die Eisenbahn spielte nicht nur eine wichtige Rolle bei der Verteidigung Moskaus, sondern auch bei der Belagerung Leningrads. Mehrfach konnte die Stadt überhaupt nicht auf dem Schienenweg erreicht werden, weil aller Bahnlinien durch die Wehrmacht blockiert waren. In diesen Zeiten versorgten Lkw die Stadt über den zugefrorenen Ladogasee. Im unbesetzten Stadtgebiet nutzte man wiederum den Schienenverkehr für den Weitertransport, entweder Eisen- oder Straßenbahnen. Während des Winters 1942/1943 verlegte man sogar Gleise auf dem Eis des Sees.

Doch noch vor der Inbetriebnahme gelang der Roten Armee die Einnahme des Südufers, auf dem innerhalb von nur drei Wochen die Bahnlinie Schlisselburg–Poljana entstand – trotz ständiger Angriffe der Deutschen Luftwaffe. Obwohl die Gleise der kurvenreichen Strecke auf Torf verlegt werden mussten, konnten mittlere Güterzuglokomotiven darauf verkehren. Doch der Betrieb war gefährlich, da die Strecken von der feindlichen Artillerie beschossen werden konnten. Deshalb verkehrten die Züge nur nachts ohne Licht oder Signale in eine Richtung in festen zeitlichen Abständen – in der einen Nacht nach Leningrad und in der darauffolgenden Nacht wieder zurück.

Links: Ein Posten auf der Strecke Melitopol–Dschankoj: Winterkälte, Schnee und ein über baumlose Ebenen fegender eisiger Wind ließen die Unendlichkeit der Entfernungen und die Einsamkeit des Schienenstranges im besetzten Land besonders deutlich werden. Der russische Weichen- und Schrankenwärter ist freilich mit den Wetterverhältnissen seines Landes und den Schwierigkeiten des winterlichen Bahnbetriebes vertraut und besitzt auch geeignete Kleidung.

Ein Panzerzug der Roten Armee

Trotz des großen Einsatzes der Eisenbahner und der Eisenbahnen verhungerten mehrere Hunderttausend Leningrader während der deutschen Belagerung. Nichtsdestoweniger wäre ohne die Eisenbahn keine Verteidigung möglich gewesen.

Als nach der Schlacht um Stalingrad schließlich der Vormarsch der Roten Armee begann, ergaben sich für die Eisenbahnen neue Schwierigkeiten, die die Eisenbahner lösen mussten. Bei ihrem Rückzug wendete die Deutsche Wehrmacht die Methode der »verbrannten Erde« an. Das bedeutete nichts anderes als die völlige Zerstörung der kompletten Infrastruktur, also von Häusern, Fabrikhallen, Brücken, Straßen, Bahnlinien usw. Während die Gebäude einfach gesprengt wurden, wendete die Wehrmacht für die Zerstörung der Eisenbahnstrecken eine besonders perfide Methode an, den sogenannten »Schienenwolf«. Sein Aufbau war einfach aber wirkungsvoll: Eine Lok zieht einen sehr großen Haken, der zwischen die Gleise eingreift und die Schwellen zerreißt. Das Volkskommissariat für Verkehr musste deshalb einen großen Teil seiner Eisenbahntruppen einsetzen, um die Strecken wieder herzustellen. Bei zweigleisigen Strecken setzte man zunächst nur ein Streckengleis instand. Das bereitete allerdings Probleme bei der Rückführung leerer Güterwagen von der Front.

Als die Truppen der Roten Armee schließlich die Grenze der UdSSR in Richtung Westen überschritt, wurden die normalspurigen Hauptstrecken in den eroberten Gebieten kurzerhand auf russische Breitspur umgenagelt. Aus diesem Grund konnten die

Schwere körperliche Arbeit bedeutet für die Menschen der Bau des zweiten Streckengleises mit der Schienenzange im Winter.

sowjetischen Teilnehmer an der Potsdamer Konferenz in einem Breitspurzug anreisen, gezogen von einer sowjetischen Dampflok.

Betrachtet man den vollständigen Verlauf des Krieges in der UdSSR, dann beeindruckt vor allem die großer Flexibilität, mit der die Eisenbahnen auf die radikalen Veränderungen – vor allem was die Richtung und den Umfang des Verkehrs betraf – reagierten. Schnell griffen die Eisenbahner zu ungewöhnlichen aber dennoch pragmatischen Lösungen, die sie noch schneller umsetzten. Auf eingleisigen Strecken ließ man die Züge während der einen Hälfte des Tages in die eine Richtung fahren und während der anderen in die entgegengesetzte. Die Züge verkehrten häufig auf Sicht, um die Zugfolge

Nur wenige modernere Lokomotiven fielen in deutsche Hand. Hier wird die IS 20-475 der Direktion Odessa inspiziert, eine Lok, die mit ihren Boxpok-Rädern und ihrem sechsachsigen Tender amerikanisch wirkt. Große Ambitionen bedeutet das »U« für »Umspuren« am Führerhaus: Den Rahmen und die 13 Radsätze solcher Giganten auf Normalspur zu bringen, erwies sich als zu aufwendig.

zu erhöhen. Außerdem waren viele Züge mit doppeltem Personal besetzt, so dass Personalwechsel kurzfristig und ohne großen Aufwand vorgenommen werden konnten.

Einzig der Beschluss, während des Krieges alle Arbeiten einzustellen, die aus Sicht des Militärs strategisch unbedeutend waren, ließ den Verschleiß

der Infrastruktur erheblich ansteigen. Erste Auswirkungen waren noch vor Kriegsende spürbar. Nach der deutschen Kapitulation begann die aufwendige Sanierung der desolaten Anlagen. Dabei halfen auch die umfangreichen Reparationen, die aus der sowjetischen Besatzungszone in die UdSSR abgefahren wurden.

Dampfloks ohne Stangen: Die Wintersonne scheint auf die Ç (Schtsch) 1652, eine der vor dem Ersten Weltkrieg in 1850 Ausführungen gebauten 1'Dn2v- und 1'Dh2-Güterzugloks. Die südukrainische Lok hat von deutscher Seite die Aufschriften »EBD Odessa« und »Bw Beresowka« erhalten. Es folgen eine Su mit vollständigem Triebwerk und eine ex-polnische Tr 12.

Glorifizierung der Bahnarbeiter der BAM.

die BAM Baikal-Amur-Magistrale und ihr Bau

3T 325K 0001 ist die stärkste Diesellok, die derzeit auf der Baikal-Amur-Magistrale zum Einsatz kommt.

Rund 30 Jahre wurde an der über 4.000 Kilometer langen Baikal-Amur-Magistrale gebaut (Spurweite 1520 mm). Sie zweigt in der ostsibirischen Stadt Taischet von der Transsibirischen Eisenbahn ab und endet erst nach 4.287 Kilometern in der Stadt Sowetskaja Gawan am Pazifischen Ozean.

Die BAM verläuft ungefähr parallel und mittlere Abschnitte ungefähr 600 Kilometer nördlich zur Transsibirischen Eisenbahn. Etwa 1.800 Kilometer liegen in Ostsibirien, die restlichen 2.480 Kilometer verlaufen durch den Fernen Osten. Es werden mehrere Flüsse überquert, die zu den längsten Flüssen Russlands gehören, darunter die Angara, die Lena und der Amur. 20 Kilometer führen direkt am Baikalsee entlang und die Magistrale muss mehrere Hochgebirge passieren.

Eine alte Idee

Schon Ende des 19. Jahrhunderts entstand die Idee der Baikal-Amur-Magistrale. Aber erst 1932 wurde vom Rat der Volkskommissare der Bau der Baikal-Amur-Magistrale beschlossen.

Mehrheitlich mussten zur Zwangsarbeit verurteilte Häftlinge die schwere Arbeit bewältigen. Im Jahr 1937, zum 20jährigen Jubiläum der Oktoberrevolution, wurde der erste Streckenabschnitt eröffnet. Aber schon bald, während des Zweiten Weltkriegs, mussten die Bauarbeiten eingestellt, einige Strecken demontiert werden, weil Schienen und Schwellen für den Bau der Eisenbahnstrecke (Kasan–Uljanowsk–) Saratow–Stalingrad zur Versorgung der Roten Armee in der Schlacht um Stalingrad dringend benötigt wurden.

Die Dekabristen – adlige Revolutionäre und Ideengeber

Einer Gruppe von nach Sibirien verbannter Dekabristen ist letzten Endes der Bau der Baikal-Amur-Magistrale zu verdanken. Lenin nannte sie »adlige Revolutionäre«. Die Dekabristen, benannt nach dekabr = russisch für Dezember, waren gegen die zaristische Autokratie. Nach dem Tod von Alexander I. am 1. Dezember 1825 lehnte sein Bruder Großfürst Konstantin die Herrscherwürde ab. Neuer Zar wurde Nikolaus I. Die Dekarbristen lehnten die Leibeigenschaft, Polizeiwillkür und Zensur ab.
Es kam am 26. Dezember 1825 in Sankt Petersburg zu einem kurzen Gefecht zwischen den Revolutionären und regierungstreuen Gruppen. Der neue Zar ließ alle an der Revolte beteiligten

Ein schwerer Kohlezug auf der Hauptstrecke der BAM

Dekabristen ausfindig machen, einige wurden zum Tode verurteilt, Hunderte kamen ins Gefängnis und rund 120 Dekabristen und elf Frauen, die ihren Männern folgten, wurden nach Sibirien verbannt.

Die Verbannten waren in Sibirien eine geschlossene Gemeinschaft progressiver Intellektueller mit reformerischen Ideen. So ist die Baikal-Amur-Magistrale auch den Dekabristen zu verdanken, die zuerst die verkehrstechnische Erschließung des

Baikal-Amur-Raums vorschlugen. Aber erst in den 1920er und 1930er Jahren begannen die Untersuchungen entlang der geplanten Magistrale und 1932 wurde der Baubeginn beschlossen.

Die Eisenbahnstrecke von Komsomolsk nach Sowetskaja Gawan war 1945 fertig und diente bis Port Wanino zum Transport von Invasionstruppen zur Besetzung Sachalins. Für den weiteren Ausbau der Strecke wurden japanische Kriegsgefangene eingesetzt. Nach dem Zweiten Weltkrieg wurde wenig an der Strecke gebaut und 1953, nach Stalins Tod, kamen die Bauarbeiten völlig zum Erliegen.

Das letzte Großprojekt der Sowjetunion

Nach langen und schwierigen Vorarbeiten der vergangenen Jahre konnte mit dem Bau der Magistrale begonnen werden. Es war das letzte Prestige- und Propagandaprojekt der Sowjetunion.
1974 verkündete Leonid Breschnew den Baubeginn der Baikal-Amur-Magistrale. Ohne große Vorbereitungen begann man mit den Bauarbeiten. Aber woher sollten die Mittel für dieses Mammutprojekt kommen? In den Fünf-Jahresplänen war dafür kein Geld vorgesehen. Die Sowjets versprachen sich von der BAM verkehrstechnischen und wirtschaftlichen Aufschwung, zudem gab es herrschaftliche Motive. Man erhoffte durch die BAM die Erz- und Kohlevorkommen Zentralasiens erschießen zu können. Das scheiterte aber an ausreichenden Investoren, die ausblieben. Außerdem wollte man die wirtschaftlichen Beziehungen zu Japan verbessern. Die BAM wurde aber auch aus militärischen Gründen gebaut, weil der östliche Teil der Transsibirischen Eisenbahn bis in die Nähe der chinesischen Grenze verlief. Das wurde als potentielle Gefahr erachtet.
Mit viel Propaganda wurde das sowjetische Großprojekt angekündigt. Für dieses gigantische Bauwerk wurden bei Magirus-Deutz in Deutschland 9.500 schwere Bau-Lastkraftwagen bestellt. Die Eisenbahnstrecke wurde sowohl von Westen als auch von Osten vorangetrieben. Die Magistrale führte über

Obwohl die Bauarbeiten an der BAM noch nicht beendet sind, rollt bereits der Güterverkehr. Das Planum für das zweite Streckengleis ist bereits vorbereitet.

Permafrostböden, durch endlose Sümpfe, über vergletscherte Gebirgszüge und durch Rentierweiden. Entlang der Magistrale entstanden Städte und kleinere Siedlungen, die durch die Bahn mit der Außenwelt verbunden waren. Bereits 1975 konnte die 1.437 Meter lange Amurbrücke, die längste der heute etwa 3.000 Brücken an der Strecke, 16 Kilometer südlich von Komsomolsk, erstmals befahren werden.

Im Oktober 1984 war bei Balbuchta das »Goldene Gleisjoch« zwischen den beiden Streckenenden verlegt. Seit dem Jahr 1989 ist die Magistrale durchgehend auf ihrer Gesamtlänge von 4.287 Kilometern befahrbar. Jedoch war der Seweromuisker Tunnel noch nicht fertig, er wurde erst 2003 eingeweiht und gilt heute mit seinen 15.343 Metern als längster Tunnel Russland.

1981 würdigte man den Bau der BAM mit einer Briefmarke.

3T 325K 0001 beweist ihrer Leistungsfähigkeit vor einem Güterzug auf der Baikal-Amur-Magistrale.

Durch den Zusammenbruch der Sowjetunion 1990/1991 und die eingestellten Bergbau- und Industrievorhaben war die Magistrale nur noch selten befahren. Auch der Personenverkehr war gering, weil die Züge fast nur durch dünnbesiedeltes Gebiet fuhren. 1996 musste die eigenständige Bahnverwaltung der Baikal-Amur-Magistrale aufgelöst werden. Der westliche Teil kam zur Ostsibirischen Eisenbahn, der Rest zur Fernöstlichen Eisenbahn. Sogar Streckenstilllegungen wurden erwogen.

In den vergangenen Jahren kam es zum wirtschaftlichen Aufschwung, der Rohstoffhandel boomte und somit wuchsen auch die Transportleistungen.

Rechts: Eine eindrucksvolle Größe besitzt der Güterbahnhof von Tynda.

Dagegen hat der Personen-bahnhof von Tynda nur zwei Bahnsteige.

Die Hauptroute und ihre Neben-strecken

Zur Baikal-Amur-Magistrale gehören auch die vor dem Jahr 1974 gebauten Anschlüsse:

- **Im Westen zwischen Ust-Kut und Taischet an der Transsibirischen Eisenbahn**
- **Im Osten von Komsomolsk am Amur und Sowetskaja Gawan am Pazifik**

Die rund 4.280 Kilometer lange Strecke ist überwiegend eingleisig, zweigleisig sind die nachträglich gebauten Abschnitte:

- **Taischet-Lenabrücke bei Ust-Kut und die kleineren Abschnitte:**
- **Blockposten Kilometer 1084–Nischneangarsk**
- **Kasankan–Seweromuisk**
- **Ikajakan–Mururin**
- **Mururin–Chani**
- **Tynda–Bestuschewo**

Darüber hinaus existiert eine Güterumgehungsstrecke bei Nowy Urgal. Ein zweigleisiger Ausbau ist vorgesehen; elektrifiziert ist im Westen die 1.469 Kilometer lange Strecke Taischet–Taksimo.

Die BAM Baikal-Amur-Magistrale wird bei Tynda, seit 1974 »Hauptstadt« der BAM, von der AJAM Amur Jakutische Magistrale gekreuzt, die von der Transsib bei Bamowskaja über das bergbaulich erschlossene Gebiet bei Nerjungri gen Norden Richtung Irkutsk verläuft. BAM und AJAM verkehren

zwischen Tynda und Bestuschewo auf einer gemeinsamen Strecke. Die ursprüngliche Eisenbahnlinie zwischen Bamowskaja und Nerjungri wird auch als »Kleine Baikal-Amur-Magistrale« bezeichnet. Die Eisenbahnstrecke der BAM wird wegen des

schwierigen Geländes, aber auch wegen ihrer veralteten Technik hauptsächlich im Güterverkehr in Mehrfachtraktion befahren. Täglich gibt es einen Fernzug zwischen Tynda und Komsomolsk.

Bahnhof Tynda im Sommer 2011: Ein kurzer Halt auf dem Weg nach Blagoveshchensk.

Das Vorfeld des Bahnhofs Tynda

Die Zukunft der BAM

Nicht zuletzt wegen der Kohlelagerstätten soll in Zukunft eine Bahnstrecke von Ulak nach Elga gebaut werden. Daran sind das russische Bergbauunternehmen Mechel und die japanische Sumitomo-Gruppe beteiligt. Das Projekt erfährt immer wieder Verzögerungen aufgrund von Finanzierungsproblemen und weil die Strecke über das rund 2.000 Meter hohe Stanowoigebirge führt;

allein 194 Brücken müssten errichtet werden. Die Baikal-Amur-Magistrale soll als zusätzliche Strecke zur Transsibirischen Eisenbahn beim Containertransport von den pazifischen Gebieten und Ostasiens nach Europa und in umgekehrter Richtung eingesetzt werden. Schwierigkeiten sieht man darin, dass die Strecke eingleisig ist und keine Anbindung am östlichen Ende der Strecke ist. Es gab Überlegungen die Strecke bis nach Sachalin

durch eine Brücke oder einen Tunnel und sogar bis Japan fortzuführen. Zurzeit rechnet sich dies aber wirtschaftlich nicht. Deshalb wurden die zuführenden Strecken zunächst 2003 eingestellt. Aber die Umspurung von der Schmalspur (1.067 mm) auf Sachalin auf die russische Breitspur (1.520 mm) wird fortgesetzt.

Die SBZ/DDR und sowjetische Eisenbahn

Im Frühjahr 1945 begann die letzte Phase des Zweiten Weltkriegs. Von April bis Anfang Mai 1945 eroberten Alliierte Truppen ganz Mitteldeutschland. Den Raum Dresden besetzte die Rote Armee erst am 8. Mai 1945, während das Schwarzenberger Gebiet bis Anfang Juni zunächst ohne Besatzung blieb und als so genannte »Schwarzenberger Republik« in die Geschichte einging.

Nur wenige Informationen findet man in der Literatur über die Streckenumbauten der sowjetischen Verkehrstruppen auf 1524 mm-Breitspur. Dieser Umbau dauerte bis Ende Mai an und betraf eine größere Zahl an Bahnlinien. Bei den zweigleisigen Hauptstrecken wurde meist nur ein Streckengleis umgenagelt. Am bekanntesten ist der Umbau des Abschnittes Frankfurt/Oder–Berlin–Potsdam–Wildpark, denn auf diesen Gleisen reiste Generalissimus Josef Stalin zur Potsdamer Konferenz.

Auch der westwärts weiterführende Abschnitt über Brandenburg bis Magdeburg Elbebrücke wurde damals kurzzeitig umgespurt. Einer der Gründe für die Umbaumaßnahmen dürfte der zügige Abtransport sowjetischer Kampftruppen östlich der Elbe gewesen sein. Möglicherweise sah man zunächst auch die Reparationstransporte in Richtung Brest und Lemberg auf durchweg breitspurigen Gleisen vor.

Doch dieser Zustand dauerte nur kurze Zeit. Denn im Herbst 1945 begann die Einstellung des Breitspurbetriebes und der Um- bzw. Rückbau entsprechender Strecken auf Regelspur. Dies dauerte bis 1947. Da man, wie bereits erwähnt, bei Hauptbahnen eines nur der beiden Streckengleise umgespurt hatte, bedeutete Rückbau hier nicht selten den Verbleib nur eines Gleises mit allen negativen Folgen.

Die DR bleibt bestehen

Nach dem Ende des Zweiten Weltkriegs 1945 wurde in der Sowjetischen Besatzungszone (SBZ) bzw. in der Deutschen Demokratischen Republik (DDR) der Name Deutsche Reichsbahn DR beibehalten. Die Sowjets befahlen der DR den geregelten schienengebundenen Güter- und Personenverkehr im Gebiet der SBZ wieder aufzunehmen. Die Westalliierten stimmten zu, dass die gesamten Anlagen in den drei Westsektoren (USA, Frankreich, Großbritannien) Berlins von der DR betrieben werden. Dazu gehörten das Fernbahnnetz, die Bahnhöfe, Betriebswerke und die Verwaltungseinrichtungen der Bahn, einschließlich der gesamten Berliner S-Bahn.

Im Schlesischen Bahnhof in Berlin trifft am 28. Juni 1945 der erste Fernzug aus Moskau ein. Am Bahnsteig B waren beide Gleise auf russische Breitspur umgebaut worden.

Aufgrund der enormen Reparationszahlungen wurden aus der DDR Triebwagen und Züge sowie rund 12.000 Kilometer Schienen und Schwellen in die Sowjetunion gebracht.

Für den Abtransport der Reparationsgüter hatte die sowjetische Besatzungsmacht eigene Lokkolonnen gebildet. Die Lokomotiven und Personale für diese Einsätze hatte man bei der Deutschen Reichsbahn requiriert. Weitere Informationen zu diesem Thema gibt das Buch »Kolonne. Die Deutsche Reichsbahn im Dienste der Sowjetunion« von Michael Reimer, Lothar Meyer und Volkmar Kubitzki (Stuttgart 1998). Jetzt gab es in der DDR fast nur noch eingleisige Schienenwege. Der Wiederaufbau dauerte sehr lange, erreichte aber nie wieder den Vorkriegsstand. 1952 erhielt die DDR aus der Sowjetunion die einst beschlagnahmten elektrischen Lokomotiven, Kraftwerks- und Fahrtleitungsanlagen gegen 300 neu gebaute Reisezugwagen zurück.

Seit 1968 bekamen viele Strecken wieder ein zweites Gleis. Die Staatsführung setzte vermehrt auf die Elektrifizierung der Strecken. Vor allem sollten die Dampflokomotiven aus ökonomischen Gründen durch Dieselloks abgelöst werden, doch dies zog sich über mehrere Jahrzehnte hin. Erst 1988 endete der Planeinsatz regespuriger Dampfloks bei der Deutschen Reichsbahn.

120 338 auf dem bekannten Dampflokfest in Dresden.

Russische Dieselloks für die DR

Ab dem Jahr 1966 kamen Dieselloks der Baureihe V 200, später umgezeichnet in V 120, 130, 131, 132 und 142 zum Einsatz in der DDR. Sie wurden sowohl im Güter- als auch im Personenverkehr eingesetzt. Die Diesellokomotiven stammten von der Lokomotivfabrik Woroschilowgrad, heute Luhansk, gebaut wurden sie zwischen 1970 und 1982, Achsformel Co'Co', Spurweite 1435 mm, Höchstgeschwindigkeit zwischen 100, 120 und 140 km/h.

Die Baureihe V 200

Bei der Baureihe V 200 der Deutschen Reichsbahn handelt es sich um eine dieselelektrische Lok, eine Variante der sowjetischen Bauart M 62, die für die DDR gebaut wurde. Der Import aus der damaligen Sowjetunion, Luhansk gehört heute zur Ukraine, war notwendig, weil durch bestimmte Vereinbarungen innerhalb der DDR und des Rats für gegenseitige Wirtschaftshilfe keine Dieselloks höherer Leistung gebaut werden durften.

Die erste aus der Sowjetunion importierte Baureihe war die V 200, spätere BR 120 für den Güterverkehr. Zwischen 1966 und 1975 erhielt die DDR 378 Loks dieser Baureihe. Die ersten 177 Lokomotiven besaßen noch keinen Schalldämpfer, weshalb sie nicht zu überhören waren und daher als »Taigatrommel« oder »Stalins letzte Rache« bezeichnet wurden.

Schalldämpfer baute später das RAW Meiningen ein. Diese Lokomotiven wurden zunächst für den schweren Güterverkehr eingesetzt, weil aber keine Zugheizung vorhanden war, kam diese Lok nur im Sommer im Personenverkehr zum Einsatz. Bis zur Wiedervereinigung 1990 hatte die Bundesbahn bereits alle Loks ihrer eigenen Baureihe 220 aus den 1950er Jahren ausgemustert: Die Deutsche Reichsbahn besaß 1992 noch 200 Loks und zeichnete bis zur Ausmusterung 1995 die Baureihe 120 in Baureihe 220 um.

Heute existieren nur noch sieben Exemplare zum Bewundern: Im Traditionsbetriebswerk Staßfurt, Sächsischen Eisenbahnmuseum, Chemnitz-Hilbersdorf, Verkehrsmuseum Dresden, Bahnbetriebswerk Arnstadt, bei den Eisenbahnfreunden Thüringen, Weimar, und bei den Mecklenburger Eisenbahnfreunden, Schwerin. Einige Loks wurden auch nach Litauen und Nordkorea sowie an deutsche Privatpersonen verkauft.

Die Lokfamilie der DR-Baureihe 130

Die Dieselloks
der Baureihe 130 (Deutsche Bahn AG 230),

BR 131 (DB 231),

BR 132 (DB 232, 233, 234, 241 und 754) und

BR 142 (DB 242)

wurden ab 1970 von der DR der DDR aus der Sowjetunion importiert. Zum Einsatz kamen diese Loks im Güter- und Personenverkehr. Das Baumuster V 300 001 wurde 1970 auf der Leipziger Messe vorgestellt.

Lok 754 101-4 wird im DB Museum Halle für die Nachwelt erhalten.

Nach der Wiedervereinigung 1990 kam im Bahnbetriebswerk Leipzig Hbf-Süd unter Eisenbahnern die unübliche Bezeichnung »Ludmilla« für diese Loks auf. Woanders nannte man sie »Staubsauger«, »heulender Wolf«, »Iwan« oder »Russe«. Die **Baureihe 130** wird fälschlicherweise auch »Taigatrommel« genannt, diese Bezeichnung gilt allerdings der älteren DR-Baureihe V 200 (BR 120), siehe oben. Bei

der Deutschen Bahn sind heute noch aus der Baureihe 132 hervorgegangene Loks im Einsatz. Da die 80 Maschinen der BR 130 zwar Drehgestelle für 140 km/h, aber keine Heizung besaßen, wurden sie hauptsächlich im Güterverkehr eingesetzt, wofür sie aber nicht optimal geeignet waren. Deshalb wurde bei drei Loks die Geschwindigkeit auf 100 km/h heruntergesetzt und die Loks als BR 131.1 geführt.

Von der BR 130 wurden 82 Maschinen erworben. Ungefähr ab Ende 1973 war die Lokomotivfabrik in Woroschilowgrad (heute Luhansk) in der Lage, serienmäßig eine Heizung einzubauen. Die beiden Probemaschinen blieben bei der VES-M Halle und wurden 1992 umgezeichnet zu 230 101 und 230 102. Bei der Deutschen Bundesbahn erhielten sie 1995 die Bahndienstfahrzeugnummer 754 101 und 754 102. Die 754 101 steht heute im DB Museum Halle. Da es absehbar war, dass die Zugheizung länger nicht verfügbar war, erhielten die Fahrzeuge eine geänderte Achsgetriebeübersetzung für eine Höchstgeschwindigkeit von 100 km/h. Sie bekamen eine vereinfachte pneumatische Bremse ohne Gleitschutz und ohne elektrodynamische Bremse. Diese Maschinen wurden der **BR 131** zugeordnet. Mit der BR 131 besaß die DR nun über leistungsfähige, im Gegensatz zur BR 130, Güterzuglokmotiven, die auch für Gebirgsstrecken geeignet waren. 76 Lokomotiven von der BR 131 kamen zum Einsatz.

1972 erhielten die Loks der **BR 132** aus Woroschilowgrad (heute Luhansk) endlich eine elektrische Heizung, die beiden ersten Maschinen waren noch für 140 km/h zugelassen und wurden als 130 101 und 130 102 bezeichnet. Unklar war, wann man sich auf eine zulässige Höchstgeschwindigkeit würde einigen. Ab 1974 wurden 709 Loks (davor 334 Loks) der BR 132 mit einer Höchstgeschwindigkeit von 120 km/h geliefert.

In der DDR wurden zwischen 1977 und 1978 sechs Loks der **BR 142** mit einer Motorleistung von 2.940 KW in Betrieb genommen. Inzwischen hatte man entschieden, die Hauptstrecken zu elektrifizieren,

Die dieselelektrischen Loks der Baureihe V 200 der DR waren eine Variante der sowjetischen Type M62, die in mehrere Länder geliefert wurde. Im Zuge der Einführung der EDV-Nummern wurde sie 1970 in Baureihe 120 umgezeichnet. Die letzten Exemplare erhielten 1992 die Baureihenbezeichnung 220.120 287 durchfährt mit einem Güterzug am 27. Mai 1978 den Bahnhof Berlin Schöneweide.

deshalb gab es keine Nachbestellung für die BR 142. Sie galt damals mit der später umgebauten 241 als stärkste einmotorige Diesellok Europas. Erst 2006 gab es mit der Voith Maxima CC eine noch eine stärkere Lok mit einer Motorleistung von 3.600 KW. 1997 wurde 232 800 vollständig und aufwendig umgebaut. Im Jahr 1977 waren 1.000 sowjetische Großdieselloks, einschließlich der Loks der BR 120 (V 200) in Betrieb.

Nach der Wiedervereinigung und dem Zusammenschluss Deutsche Reichsbahn mit der Deutschen Bundesbahn wurden die DR-Loks gemäß dem Baureihenschema der Deutschen Bahn auf eine davor stehende 2 umgezeichnet, auch durch Umbauten und Modernisierungen wurde umgezeichnet. Weil zahlreiche Loks der **Baureihe 232** umgebaut wurden, entstanden die **BR 233** (modernisiert; bis 2003 wurden 65 Loks umgebaut) und **BR 234**.

Um Geschwindigkeiten von 140 km/h zu bekommen, wurden die Drehgestelle der ausgemusterten 230er zurückgewonnen und mehrere 232 zur neuen 234, mit Geschwindigkeiten von 140 km/h umgebaut. Ein paar Jahre später wurde auf 120 km/h zurückgebaut, Bezeichnung 232.9.

Die 232 800 wurde 1997 umgebaut, um eine Leistungssteigerung auf 2.942 KW (4.000 PS) zu erreichen. Zehn Loks der BR 232 bekamen neue Diesel- und Elektromotoren, verstärkte Bremseinrichtungen, eine Gleit- und Schleuderschutzeinrichtung sowie eine Übersetzung für eine Höchstgeschwindigkeit von 100 km/h. Das war die **BR 241**.

Auch Loks der Baureihe 01 ließ die DR aufwendig rekonstruieren. So entstand die Baureihe 01.

5.01 0530 erklimmt aus Richtung Bebra die Steigung zum Hönebachtunnel.

Führerstand der DB-Lok 220 020.

Führerstand der Lok 232 905.

Bau der M 62 in der Lokomotivfabrik Woroschilowgrad

Eine Lok der BR 132 rangiert am 15. Dezember 1992 im Wriezener Güterbahnhof in Berlin. Damals gehörten diese Lokomotiven noch genauso zum
alltäglichen Bild wie der klassische Stadtbahner bei der Berliner S-Bahn.

Pioniereisenbahnen: Eisenbahner werden – ein Kindertraum

Ein Jugendlicher kontrolliert die Fahrtgäste.

Ab den 1930er Jahren entstanden in der Sowjetunion Pioniereisenbahnen, die durch Jugendorganisationen betrieben wurden. Ihren Namen erhielten die kleinen Eisenbahnen von den Pionieren, den Mitgliedern der jeweiligen Jugendorganisation. Die Mitarbeit an der Pionierbahn und eine theoretische Grundausbildung sollten die Kinder und Jugendlichen zugunsten der Eisenbahn bei einer späteren Berufswahl vorbereiten. Schüler und Jugendliche konnten nach einer gewissen Einarbeitungszeit Zugschaffner auf einer Pioniereisenbahn werden, oder die Aufsicht übernehmen, sie konnten als Schrankenwärter, Fahrdienstleiter, Zugführer und am Fahrkartenschalter arbeiten. Ein Teil dieser Pioniereisenbahnen, heute unpolitisch Kindereisenbahn oder Parkeisenbahn genannt, sind noch in Betrieb.

Die Geschichte über die Arbeit eines Pioniers, der mit elf Jahren bei der Eisenbahn als Weichensteller anfing und später der Aufsichtsführende mit der roten Mütze wurde, beginnt so:

Unsere Kleine Stalineisenbahn wurde im Jahr 1935 gebaut, kurze Zeit nach der Fertigstellung der ersten Kindereisenbahn in Tiflis. Damals wurde eine solche Bahn noch als Wunderwerk angesehen. Der luxuriös ausgestattete blaue Express bewegte sich wie eine richtige Eisenbahn auf einem Schienenstrang, nur musste ein Erwachsener sich bücken, um in den Wagen zu kommen. Auf allen Stationen gab es schöne Wartesäle, ein Büfett, ein Restaurant und andere Räume mit niedrigen Möbeln und schmalen Durchgängen, bequem genug für die eigentlichen Verwalter dieser Eisenbahn, nämlich die Kinder. …

*Im Augenblick gibt es bei uns in der Sowjetunion siebzehn Kindereisenbahnen. Würde man alle diese Bahnlinien aneinanderreihen, ergäbe sich eine Strecke von über 100 Kilometern. … Später kamen zu der Kleinen Südbahn in Charkow, der Kleinen Stalinbahn in Dnepropetrowsk, der Kleinen Nordkaukasischen Bahn in Rostow am Don neue Kindereisenbahnen in Stalingrad (heute Wolgograd), Wilnus, Uschgorod und Baku hinzu. Damals wurde gerade in Leningrad (heute Sankt Petersburg) an der Kleinen Leningrader Eisenbahn gebaut. Der Reihe nach wurde Kindereisenbahnen in Moskau, Kiew, Riga, Nowosibirsk, Minsk, Swerdlowsk, Melitopol, Tscheljabinsk und in anderen sowjetischen Städten gebaut. Die Kleine Gorki-Eisenbahn hat sogar eine Lokomotive in Stromlinienform.
…*

*Endlich war der große Tag gekommen. Eine Rakete wurde abgefeuert, stieg in den Himmel empor, einen feurigen Schweif hinter sich lassend, und verwandelte sich in Goldregen.
Hell erklangen die blanken Fanfaren der Pioniere. Das rote Band wurde durchgeschnitten und fiel auf die Erde. Ein Mädchen mit roter Mütze und dem roten Pioniertuch begab sich auf den Bahnsteig. Es hob den Befehlsstab, und im gleichen Augenblick setzte sich die Lokomotive schnaufend und Funken sprühend in Bewegung, eine Reihe blauer Wagen in den dichten grünen Park entführend.
Von da ab gab jeden Morgen ein langgestreckter Pfiff des Jungen Pioniers, so hieß die Lokomotive der Kindereisenbahn, bekannt, dass der Tag für die Kleine Stalinbahn begonnen hatte. … Ich erhielt meinen ersten Auftrag an jenem Tage. Ich wurde Weichensteller.
…*

*Endlich waren die vorbereiteten Arbeiten abgeschlossen. Ich bestätigte die Übernahme des Dienstes und unterrichtete telefonisch den Aufsichtsführenden der Station davon. Plötzlich läutete das Telefon:
»Hier erster Weichensteller der Blockstelle eins, Trechkatsch!«*

*»Hier Aufsichtsführender der Station Oktjabrenok, Iwanow. Macht Gleis eins fertig für den aus Komsomolsk ankommenden Zug und unterrichtet den Rangiermeister.«
»Gleis eins fertigmachen für den aus Komsomolsk eintreffenden Zug und Rangiermeister unterrichten«, wiederholte ich.
…*

*»Hier erster Weichenwärter der Blockstelle eins, Trechkatsch. Die Strecke für den aus Komsomolsk eintreffenden Zug ist in Ordnung, habe alles persönlich überprüft, die Schlüssel sind bei mir, Rangiermeister ist in Kenntnis gesetzt.«
»Ich stelle das Hauptsignal ein. Nehmt den Zug in Empfang.«
… Meinen Platz durfte ich nicht verlassen, bevor nicht der ganze Zug über die Weiche gefahren war
…
»Hier erster Weichensteller der Blockstelle eins, Trechkatsch. Der auf Gleis eins aus Komsomolsk eingetroffene Zug hat die Blockstelle ordnungsgemäß passiert.«*

Auszüge aus M. Jefetow, »Der Wunderstreifen«, Der Kinderbuchverlag Berlin 1953.

Kindereisenbahn Krasnojarsk

In Krasnojarsk wurde am 1. August 1936 die zweite Kindereisenbahn in Betrieb genommen. Die ringförmige Streckenlänge beträgt 1,3 Kilometer, die Spurweite betrug bis 1961 305 mm, danach 508 mm. Die erste Kindereisenbahn, die Kleine Transkaukasische Eisenbahn, wurde am 24. Juni 1935 in der georgischen Hauptstadt Tiflis (früher Sowjetunion) eröffnet; Lokführer war der zehnjährige Victor Skolsky. Diese Kindereisenbahn, 1960 modernisiert, ist auch heute noch in Betrieb. Die Streckenlänge beträgt 1,2 Kilometer, Spurweite 750 mm (Schmalspur).

Die Kindereisenbahn Kranosjarsk wird für kulturelle und erzieherische Funktionen eingesetzt. In 70 Jahren wurden hier ungefähr 7.000 männliche und weibliche Jugendliche ausgebildet. Alina Baidakowa bestand gleich in der ersten Saison die Prüfung und arbeitete als Lokführerin; seit 1956 gibt es keine weiblichen Lokführerinnen mehr.

Die erste Kleinlok Nr. 01 wurde in der Ausbildungswerkstatt Krasnojarsk gebaut. Sie war ein 1,5 Tonnen schweres Modell einer dreiachsigen Dampflok mit der Achsfolge Cw im Maßstab 1:5. Die Lok war von 1936 bis 1961 regelmäßig im

Die Kleinlok Nr. 01 »Jubileiny« von 1936.

Einsatz, nun ruht sie auf einem Sockel im Zentralpark von Krasnojarsk. Weitere Schienenfahrzeuge wurden auf die Chassis eines Moskwitsch 401 und eines Moskwitsch 412 gebaut. 2007 wurde eine Diesellok durch den Umbau eines Toyota-Kleinbusses ersetzt.

Die Kindereisenbahn in Krasnojarsk ist auch deshalb etwas Besonderes wegen ihrer ungewöhnlichen Spurweite und weil die Schienenfahrzeuge hier gebaut wurden.

Ein umgebauter Toyota-Kleinbus.

Kindereisenbahn Kratowo

Am 2. Mai 1937 wurde die schmalspurige Kindereisenbahn (750 mm) in Moskau eröffnet. Die 4,9 Kilometer lange Strecke hat drei Haltepunkte und ein Gleisdreieck in Kratowo. Es war auch einmal eine Schleife zum Wenden der Dampflok vorhanden, die aber wegen des heutigen Dieselbetriebs überflüssig wurde. Die Eisenbahn ist immer noch in Betrieb. Folgende Dieselloks sind einsatzbereit: Dieselloks der SZD-Baureihe TY2-Nr. 129 (modern umgebaut) und Nr. 241 im Originalzustand, Diesellok der RZD-Baureihe TY10-Nr. TU10-032 seit April 2018. Darüber hinaus besitzt die Kindereisenbahn Kratowo fünf Personenwagen des Typs 20,0015 und einen des Typs 20,0016 (HQ). Davor waren drei hölzerne Personenwagen, ein Pafawag-Wagen (Pafawag = polnische Wagenfabrik) und acht Wagen vom Typ

Die Diesellok TY2-078 nach dem Umbau 2011.

Links: Die Station Rodina der Gorki-Kindereisenbahn.

Eine Dampflok auf der Brücke in Nischni Nowgorod.

Gorki-Kindereisenbahn Nischni Nowgorod

Der russische Schriftsteller Maxim Gorki, 1868 in Nischni Nowgorod geboren, wurde Namensgeber der gleichnamigen Kindereisenbahn. Die schmalspurige Strecke (750 mm) ist 3,2 Kilometer lang, mit Nebengleisen und Abstellgleisen beträgt die Streckenlänge 4,1 Kilometer. Die Eisenbahn wurde am 8. November 1939 in der Sowjetunion eröffnet und verfügt über drei Haltepunkte.

Drei Dieselloks sind heute im Einsatz: Lok der SZD-Baureihe TY2-Nr. 155 und Nr. 233, Lok der SZD-Baureihe TY7-Nr. 2567 und Lok der RZD-Baureihe TY10-Nr. TU10-003. Dazu gehören zehn Personenwagen PV51, zwei offenen Personenwagen; vier Flachbettgüterwagen, zwei Pafawag-Wagen sind nicht mehr im Einsatz.

Kleine Oktoberbahn

Die Kindereisenbahn in Sankt Petersburg, die Kleine Oktoberbahn, besteht aus zwei Strecken: der nördlichen mit zwei Haltepunkten und der südlichen Strecke mit drei Haltepunkten. Die alte, nördliche Strecke der schmalspurigen Eisenbahn (750 mm) ist 2,1 Kilometer lang und wurde am 27. August 1948 eröffnet; ursprünglich betrug die Streckenlänge 8,1 Kilometer mit drei Stationen.

Einst besaß die Kindereisenbahn drei Lokomotiven und neun Personenwagen. 1949 kamen eine weitere Lok und mehrere Wagen hinzu. Um die Ausbildung der Jugendlichen zu verbessern, wurde der Fuhrpark 1958 um die Lok TU-167 erweitert. 1960 kamen zehn Pafawag-Wagen, die sofort zu zwei Zügen kombiniert wurden, hinzu. 1964 geschah eine Tragö-

die: Die Schranke an einer Kreuzung funktionierte nicht, der Zug kam unter die Räder eines Muldenkippers, vier junge Eisenbahner und ihr Ausbilder starben. Danach schloss man die Strecke. Alle Fahrzeuge wurden außer Betrieb gesetzt, bis auf die Lok TU-167. Die gefährliche Strecke wurde auf 3,1 Kilometer verkürzt. 1969 musste die Station Soopark (Zoopark) umbenannt werden in Pionierskaja, weil der Zoo seit zwanzig Jahren nicht gebaut wurde. Anfang der 1990er Jahre wurde die Strecke noch einmal auf 2,1 Kilometer verkürzt.

Zum Schluss wurden die beiden Züge auf der nördlichen Strecke mit den Dieselloks TU3 und TU3-001 und TU3-002 befahren, TU2-167 diente als Ersatzfahrzeug. 1982 erhielt die Kleine Oktoberbahn zwei weitere Loks: TU2-060 und TU2-191. 1985 wurde die TU2-002 abgestellt und 1989 die letzte Fahrt mit der TU3-001 durchgeführt. 1990 verkaufte man die TU3-002 an ein Schmalspurmuseum in Lavassaar und exportierte sie nach Estland. TU3-001 kam nach Selenogorsk.

Anfang der 1990er Jahre wurde die nördliche Strecke noch einmal auf 2,1 Kilometer verkürzt. Die südliche Strecke der Kindereisenbahn Kleine Oktoberbahn wurde am 12. Juli 2011 eingeweiht und misst 11,2 Kilometer. Zum Einsatz kommt die Lok TU10-001, die erste Lok, die speziell für Kindereisenbahnen entwickelt wurde. Hinzu kamen die Diesellok TU2-167, fünf Personenwagen PW 40 und sechs Personenwagen PW 750.

Am 1. Juni 2014, nach fast 50 Jahren Pause, wurde die Dampftraktion wieder aufgenommen mit der Lok Kp4-447. Als Ersatz für die Diesellok TU2-167 kam die TU10-025 auf die Strecke.

Kleine Kindereisenbahn Wolgograd

In Wolgograd gab es zunächst eine Kindereisenbahnen, die 1948 eröffnet wurde. Die Strecke war knapp drei Kilometer lang, die Stationen waren klein und aus Holz gebaut.

Im Jahr 1979 wurde die Kindereisenbahn an einem anderen Ort neu errichtet. Es gab drei Stationen, Spurweite 750 mm, Streckenlänge 1,8 Kilometer. Die Kindereisenbahn besaß Schuppen, in denen konnten Kinder und Jugendliche von den Ausbildern lernen, wie die Technik der Züge funktioniert, wie eine Inspektion durchgeführt wird und wie und

wo Reparaturen notwendig sind und die Kinder und Jugendlichen wurden als Lokführer ausgebildet. 2015 wurde eine Schule für kleine Eisenbahner gebaut. Von Oktober bis April lernten die Jungens alles, was sie später als Eisenbahner wissen und können müssen. Die Arbeit begann morgens um 10.30 Uhr und endete um 19 Uhr.

Die gesamte Anlage wurde modernisiert. Eine große elektronische Anzeigetafel zeigt heute die Ankunfts- und Abfahrtzeiten der Züge. Die Bahnsteige wurden ebenfalls modernisiert und mit originellen Dachkonstruktionen überbaut als Schutz vor Sonne und Regen. Es gibt einen Warteraum sowie eine moderne Kasse. Die Besucher können sich in einem kleinen Museum über die Geschichte der Kleinen Kindereisenbahn informieren. Am Büfett werden Snack und Getränke angeboten.

Der moderne Bahnsteig der Kindereisenbahn in Wolgograd.

Kindereisenbahn Sachalin

Die schmalspurige Parkeisenbahn (750 mm) wurde am 6. Juni 1954 in Juschno-Sachalinsk eingeweiht. Die Streckenlänge der ringförmigen Bahn beträgt 2,2 Kilometer, ein 200 Meter langes Gleis zweigt ins Depot ab. Die Eisenbahn liegt an steilen Hängen, weshalb die Terrassierung sehr aufwendig war und es mussten zwei Stahlbrücken über einen Fluss mit großen Spannweiten von neun und 15 Metern gebaut werden.

Die Diesellok TU10-005 im Gagarin-Park.

Die regionale Partei hatte den Plan einer Kindereisenbahn unterstützt, aber es dauerte sehr lange, weshalb Jugendliche auf eigene Verantwortung eine Dampflok und mehrere Waggons restaurierten. Die fertige Strecke wurde dann im Gagarin-Park feierlich eröffnet. Juri Alexejewitsch Gagarin war ein sowjetischer Kosmonaut (1934–1968); er war 1961 der erste Mensch im Weltraum. Im ersten Jahr des Betriebs fuhr die Eisenbahn die Strecke gegen den

Uhrzeigersinn, ein Jahr später fuhren die Züge in umgekehrter Richtung. Dafür musste die Dampflok gewendet werden. Deshalb bauten die Jugendlichen und ihre Ausbilder ein temporäres Gleisdreieck. Die Dampflok UK-159-238 war bis 1959 in Dienst. Die Diesellok TU2-029 kam ab 1971, die TU2-127 ab 1982 zum Einsatz. 2009 vergrößerten die TU7A-3351 und mehrere Wagen sowie 2011 die Diesellok TU10-005 den Fuhrpark.

Erst rund 40 Jahre später wurde bekannt, dass der Generalsekretär des Zentralkomitees der KPdSU, Nikita Chruschtschow, angeblich diese Kindereisenbahn für eine rücksichtslose Verschwendung von öffentlichen Mitteln hielt.

Fernost-Kindereisenbahn

In der russischen Stadt Chabarowsk am Amur, an der Grenze zu China gelegen, wurde am 19. Mai 1958 die schmalspurigen (750 mm) Kindereisenbahn eröffnet, Streckenlänge 2,5 Kilometer. Die erste Strecke war aber nur 600 Meter lang und umrundete eine Sowchose (landwirtschaftlicher Großbetrieb mit Lohnarbeitern). Ein Schienenbus mit vier offenen Wagen und jeweils 15 Sitzplätzen in einem Holzkasten standen zur Verfügung. 1959 wurde der Schienenbus durch eine Dampflok der Baureihe 159-6421 ersetzt. Ebenfalls im Jahr 1959 wurde die Eisenbahn mit neuen, schwereren Schienen bestückt und auf 3,3 Kilometer erweitert. 1965 konnten vier Personenwagen der polnischen Wagenfabrik Pafawag in Betrieb genommen werden. Nun gab es Platz für 152 Fahrgäste. Die Dampflok 159-6421 musste durch eine Diesellok TY2 ersetzt werden. 159-6421 steht seit

Die Dampflok 159-6421 von 1959 vor der Station Pionierskaya.

1968 auf einem Sockel vor der Station Pionierskaya. 1986 wurden die Pafawag-Wagen durch inländische Wagen des Typs PV51 der Maschinenfabrik Demichowo ersetzt und statt der Dieselloks TU2 erwarb man 1987 moderne Dieselloks TY7-Nr. 2611 und 2612 sowie TY10-Nr.10-017. Zum Einsatz kommen auch drei Personenwagen VP750 und sechs metallene

Personenwagen PV51 und vier Flachbettgüterwagen. Im Mai 2000 war eine Modernisierung der Anlage abgeschlossen, es gab nun eine Reparaturwerkstatt und Ausbildungsgebäude an der Station Pionierskaya, auch die Signalanlage und die Kommunikationseinrichtungen wurden auf den neuesten Stand gebracht und es gab neue schwerere Schienen.

Kindereisenbahn Swerdlowsk

Stadtrat und Stadtkomitee der Stadt Swerdlowsk beschlossen Ende der 1950er Jahre, den Pionieren der Stadt ein Geschenk zu machen: eine Kindereisenbahn. 1959 begann der Eisenbahnbau im Wald des nach Wladimir Wladimirowitsch Majakowski (Dichter 1893–1930) benannten Zentralparks für Kultur und Erholung.

Pensionäre der Swerdlowsker Eisenbahn übernahmen die Organisation der Ausbildung für die Jugendlichen. Die jungen Eisenbahner konnten nach dem theoretischen Unterricht im Haus der Eisenbahner praktisch auf der Kindereisenbahn geschult werden.

Die schmalspurige (750 mm) Kindereisenbahn wurde am 9. Juli 1960 eröffnet, sie erhielt den Namen des sowjetischen Schriftstellers Nikolai Alexejewitsch Ostrowski (1904–1936). Die Streckenlänge betrug 2,8 Kilometer. Eine Besonderheit dieser Kindereisenbahn war, dass der diensthabende Aufsichtführende von der Station Jubileinaja immer mit im Zug fährt, weil der hölzerne Fahrkartenschalter abgebrannt war.

Gelegentlich an Feiertagen kommt die Dampflok von 1931 von Orenstein & Koppel der Gattung DH2T zum Einsatz. Sie kam von der Mansfelder Bergwerksbahn des VEB Mansfeld Kombinat Wilhelm Pieck Eisleben. Zum Fuhrpark gehören die Dieselloks der Baureihe TY7A-Nr. 3355, TY10-Nr.10-013, TY2-Nr. 236, letztere wird nur sehr selten eingesetzt.

Es sind sechs Personenwagen des Typs VP750 vorhanden. Die ersten der drei Wagen wurden 2010 geliefert und sind rot und gelb lackiert. Die restlichen drei Personenwagen wurden ab 2013 eingesetzt; sie tragen noch die ursprüngliche Lackierung in Rot, Grau und Blau. In der Woche sind drei Personenwagen im Einsatz, an den Wochenenden sechs Personenwagen. Die Pafawag-Wagen stehen auf einem Abstellgleis und müssen noch generalüberholt werden.

Die Dampflok DH2T von 1931 von O&K

Kleine Westsibirische Eisenbahn

In Nowosibirsk wurde die Kleine Westsibirische Eisenbahn am 4. Juni 2005 als schmalspurige (750 mm) Kindereisenbahn eröffnet. Die Streckenlänge beträgt 5,3 Kilometer. Der Grundstein für diese Kindereisenbahn wurde 2003 im Sajelzowski-Park gelegt, nachdem die Westsibirische Eisenbahn und die Stadtverwaltung beschlossen hatten, eine solche Kindereisenbahn zu bauen.

Die Gleisanlage in Novosibirsk.

Am Eröffnungstag betrug die Streckenlänge 2,63 Kilometer. Aber schon ein Jahr später wurde durch die russische Eisenbahn die Strecke um 2,67 Kilometer erweitert sowie um zwei Brücken mit einer Gesamtlänge von 96 Metern. Vom Sajelzowski-Park verläuft die Bahnstrecke entlang des Flusses Ob. Zum Fuhrpark gehören drei Schmalspurloks TU-7A und eine TU-10 (TU10-006), sowie drei Umbau-Dieselloks TY7A-Nr. 3338, Nr. 3339 und Nr. 3343 sowie TY10-Nr.TU10-006. Es gibt darüber hinaus sechs Personenwagen der Reihe 20,0011 und 048-051 und drei der Reihe 43-0011 und einen vierachsigen Niederbordwagen für den Gleisbau. Jeder Zug besteht aus drei Personenwagen mit jeweils 36 Sitzplätzen. Die Züge tragen so schöne Namen wie Märchen, Jugend, Traum und Sibirier.

Eine der umgebauten Dieselloks auf der Kleinen Westsibirischen Eisenbahn.

Die Transsib als

Touristenzug – authentisch oder luxuriös

Die Transsibirische Eisenbahn ist kein Zug wie man vermuten könnte wie beispielsweise der Orient Express. Die Transsib ist mit 9.288 Kilometern die längste Eisenbahnstrecke der Erde. Die Fahrt von Moskau bis Wladiwostok am Pazifik dauert mit einem der Linienzüge sieben Tage, durchfährt sechs Zeitzonen sowie Wälder, Wüsten und Steppen, passiert über 400 Bahnhöfen und 89 Städten und überquert 16 große Flüsse.

Die bekanntesten Züge der Transsibirischen Eisenbahn sind der Rossija (Nr. 1 und 2, Moskau–Wladiwostok), Züge Nr. 99 und 100 fahren auf der gleichen Strecke, brauchen aber 26 Stunden länger. Nr. 3 und 4 (Transmongolische Eisenbahn, Moskau–Peking fährt über die Mongolei), Nr. 19 und 20 über die Mandschurei, Nr. 5 und 6 (Moskau–Ulaan Baatar). Die Strecke Moskau–Irkutsk–Ulaan Baatar nach Peking wird von dem »»chinesischen« Zug, die Route über Harbin nach Peking vom »mandschurischen« Zug (Nr. 19 und 20), die ebenfalls zur Transsib gehören, befahren. Es verkehren viele Züge auf der Transsib. Interessant sind beispielsweise auch die Züge von Berlin nach Irkutsk und Wladiwostok (Linienzüge, Zarenplatin. info-transsibirische-eisenbahn.de). Eine Fahrkarte

von Moskau nach Wladiwostok in einem durchgehenden Zug in einen zweier Schlafwagen kann beispielsweise rund € 1.000 kosten, in einem 4er Schlafabteil die Hälfte und in einem Großraumliegewagen rund € 250.

Mit einem Linienzug kann man mehr oder weniger komfortabel reisen. Die neuen Linienzüge sind moderner und ein wenig teurer als ein etwa 70 Jahre alter Zug. In einem Linienzug kommen die Reisenden mit den Einheimischen schnell in Kontakt und sie lernen das authentische Alltagsleben auf der berühmten Transsib kennen. Abenteuerlustige können auch individuell auf der Transsib reisen. Lesen Sie auf den nächsten Seiten weiter über die Reisen.

Ein Zwei-Bett-Abteil der Transsib.

Eine Reise von Moskau nach Wladiwostok und Peking

Überwältigende Naturerlebnisse, unendliche Weiten, silberglänzende Ströme, große und kleine Zwiebelkuppeln, bunte Holzhäuschen – steigen Sie ein in einen modernen Linienzug! Die 16-tägige Reise mit sechs Übernachtungen in Hotels und neun Übernachtungen im Schlafwagen der Transsib beginnt in Moskau und endet in Wladiwostok. Nach einer Stadtführung durch Moskau geht es abends an Bord des Zugs ins Abteil der gebuchten Kategorie. Der Zug fährt durch das Land der Tataren. Am fünf-

ten Tag ist Asien erreicht – Sibirien so weit das Auge reicht. An den zahlreichen Bahnstationen findet Handel statt mit allem was Haus und Hof hergeben. Hier können die Reisenden landestypische Früchte, Speisen und Getränke kaufen. Aber Achtung: Der Zug fährt pünktlich (Fragen Sie den Schaffner nach der Abfahrtszeit!) ohne Pfiff und Ansage wieder weiter.

Große Städte und gewaltige Ströme beherrschen das Bild. Am Baikalsee, der sibirischen Perle, wird im Hotel übernachtet (achter Tag). Der Baikalsee ist der älteste und größte und tiefste Süßwassersee der Erde.

Am zehnten und elften Tag folgt die spektakulärste Teilstrecke der Transsib – der Zug schlängelt sich durch eine wildromantische Bergwelt, vorbei an tiefgrünen Urwäldern, reißenden Strömen, bizarren Felsen. Bald hat der Zug den mächtigen Amur, den Grenzfluss zur chinesischen Mandschurei, erreicht. Am fünfzehnten Tag ist Endstation in Wladiwostok am Japanischen Meer. Nach zwei Tagen geht es über Moskau mit dem Flugzeug wieder zurück nach Deutschland.

Eine andere abwechslungsreiche Zugreise mit der Transsib mit Hotel- und Schlafwagen-Übernachtungen führt auf der Baikal-Amur-Magistrale (siehe Seite 98) durch Sibirien. Mit dem Flugzeug geht es von Moskau nach Krasnojarsk. Einer der Höhepunkte ist der sagenumwobene Baikalsee, einer der heiligsten Orte Sibiriens. Die Strecke von Tynda nach Komsomolsk, die Baikal-Amur-Magistrale, ist teilweise nicht elektrifiziert; der Zug fährt langsam, hält ab und an. Er ist die einzige Verbindung der Ansiedlungen zur Außenwelt entlang der Baikal-Amur-Magistrale. Von Chabarowsk geht die Reise weiter mit der Transsib bis Wladiwostok.

Ein besonderes Erlebnis ist eine winterliche Zugfahrt im beheizten Schlafwagen mit der Transsib. Dazu gehört auch eine Pferde-Troika-Fahrt durch die schneebedeckte Landschaft, vorbei an Wäldern, Übernachtung in einem Nomaden-Camp in der Mongolei.

Die Transsib am Baikalsee

Die Brücke über der Oka, einem Nebenfluss der Wolga.

*Nostalgiezug der Extraklasse: Zarengold-Sonderzug.
Freundlicher Empfang der Fahrgäste.*

Die Reise beginnt in Moskau und führt über Jekaterinburg und Irkutsk (Baikalsee) nach Ulaan Baatar, der Hauptstadt der Mongolei. Ab Ulaan Baatar besteht die Möglichkeit, mit einem Linienzug weiter nach Peking zu fahren.

Möglich sind auch Zugfahrten von Peking nach Moskau und von Irkutsk nach Moskau.
Zusammen mit einem Reiseveranstalter können sich abenteuerlustige Reisende eine individuelle Transsib-Reise mit dem Linienzug zusammenstellen lassen, beispielsweise: Moskau–Wladiwostok, Peking–Moskau oder umgekehrt, Moskau–Ulaan Baatar. Beim Zarengold handelt es sich um einen komfortablen Sonderzug. Hier finden die Reisenden verschiedene Abteil-Kategorien: von Standard über gehobenen Standard, Nostalgie-Komfort bis zur Edel-Kategorie Bolschoi Platinum mit eigenen Bad

Die Fahrt mit der Transsib ist ein Fest.

Blick in den Speisewagen

und größerem Abteil. Im Bordrestaurant werden landestypische und internationale Speisen gereicht. Reisen mit dem Zarengold-Sonderzug auf der berühmtesten Eisenbahnstrecke der Welt, der Transsibirischen Eisenbahn, können in verschiedenen Variationen durchgeführt werden. Die Hauptroute führt von Moskau bis Peking. Varianten und Verlängerungen führen von Ulan Ude nach Chabarowsk, von Ulaan Baatar in die Wüste Gobi und nach Karakorum, von Peking nach Tokyo und Kyoto, von Peking nach Shanghai, oder von Peking nach Xi´an, über Wuhan nach Hongkong.

Am Ufer des Baikalsees schlängelt sich die Transsibirische Eisenbahn durch eine reizvolle Landschaft. Neben den Regelzügen ist auch der »Zarengold« auf der Strecke unterwegs.

Prunkvolles Ambiente bietet dieser Speisewagen des »Zarengold«.

Reizvoll ist eine Fahrt mit der Transsib auch im Winter, vor allem am zugefrorenen Baikalsee entlang.

*Frontansicht der Diesellokomotive TEP10-186
auf Transsibirische Eisenbahn (August 1989).*

Die Transsibirische Eisenbahn in der Steppe

Die Gestaltung des Interieurs der verschiedenen Speisewagen des »Zarengold« fällt höchst unterschiedlich aus
und beeindruckt durch ihre Pracht.

Der Zarengold-Sonderzug auf der Transsib.

Die russischen Eisenbahner bringen ihre Passagiere sicher durch die Nacht.

Eine Reise von Moskau nach Peking

Eine 16-tägige Zarengold-Reise auf der Transsib mit Übernachtungen im Zarengold-Sonderzug und in Hotels beginnt in Moskau. Die Fahrt geht über Kasan, Jekaterinburg und Nowosibirsk, der Zug fährt über den Fluss Jenissei durch Sibirien. Angekommen am Baikalsee, dem größten Süßwasser-reservoir der Erde, erleben die Reisenden Ausflüge mit Bus und Schiff und abends ein Picknick am Baikalsee.

Am neunten Tag fährt der Zug durch die Mongolei nach Ulan Ude und Ulaan Baatar. Am zwölften Tag geht es durch die Wüste Gobi bis zur chinesischen Grenze. Wegen der unterschiedlichen Spurweiten, muss der Zarengold verlassen werden.

Diesellokomotive TEP10-186 bietet die stattliche Kulisse für eine beschauliche Bahnhofsszene, wie man sie noch vor 30 Jahren bei einer Reise mit der Transsib erleben konnte (August 1989).

Halt an einem der schönen Bahnhöfe.

Ein chinesischer Sonderzug bringt die Gäste nach Peking, wo verschiedene Ausflügen stattfinden. Umgekehrt fährt der Zarengold auch von Peking nach Moskau und weiter Sankt Petersburg. Mit dem Zarengold-Zug kann auch eine 17-tägige Reise von Wladiwostok nach Moskau gebucht werden.

Für Eisenbahnfans führt eine 27-tägige Reise von Hongkong nach Moskau mit einer dreitägigen Yangtse-Kreuzfahrt. Einer der Höhepunkte dieser Zugreise mit dem Zarengold ist ein Ausflug zur berühmten Terrakotta-Armee in Xi'an.

Und auch der Bahnhof von Novosibirsk beeindruckt durch seine Größe.

Eindrucksvoll ist der Bahnhof von Kransojarsk.

So war der Schnellzug »Sibirier«
Nowosibirsk — Moskau 1989 beschildert.

Für die Fahrgäste steht im Zug
ein kohlebeheizter Samowar
bereit (Juli 1996).

Der »Sibirier« legt auf seiner
Fahrt nach Moskau eine kurze
Pause ein.

Der Zarengold-Sonderzug der Transsib schlängelt sich am Baikalsee entlang.

Eine Kreuzfahrt auf Schienen: Eine Reise mit dem »Zarengold« verbindet Erlebnis und Genuss.

Transsibirische Eisenbahn
Linienzüge + Zarengold
Lernidee Erlebnisreisen GmbH
Kurfürstenstraße 112
10787 Berlin
Tel. 030/7 86 00 00
www.lernidee.de

Talgo-Züge

In den 1930er Jahren entwickelte Alejandro Goicoechea einen Zug, der auf den kurvenreichen Strecken Spaniens höhere Fahrgeschwindigkeiten erlaubte. Er reduzierte die Masse und verbesserte den Bogenlauf. Diese Gliederzüge werden auch als Talgo-Züge bezeichnet, Talgo ist ein spanisches Akronym von Tren articulado ligero Goihoechea Oriol (Gliederzug in Leichtbauweise nach Giochoechea und Oriol). Sie werden im Personen- und Hochgeschwindigkeitsverkehr eingesetzt, einige Züge besitzen umspurbare Laufwerke und können während der Fahrt die Spurweite ändern.

Talgo-Züge verkehren und verkehrten nicht nur in Spanien, Portugal, Deutschland, sondern auch in Frankreich, Italien und in der Schweiz, Bosnien und Herzegowina, in den USA und Kanada, Argentinien, in Russland über Weißrussland nach Polen und in Kasachstan.

Die Kasachische Staatsbahn hat 2001 mehrere Talgo-Züge erworben und im Fernverkehr eingesetzt, und zwar als Tagesreisezüge und mit Hotelzügen im Nachtverkehr.

Die ersten drei Talgo-Garnituren für russische Spurweite (1.520 mm) verfügten über spurwechselfähige Radsätze für einen möglichen Einsatz in China mit europäischer Spurweite. Es sind die schnellsten Züge in Kasachstan, die eine Höchstgeschwindigkeit von 220 km/h erreichen können. Speziell für die Talgo-Garnituren wurden 2004 vierachsige Dieselloks des Typs KZ4A aus China gekauft. Diese kastenförmigen Loks erlauben jedoch nur noch eine Höchstgeschwindigkeit bis 200 km/h. Weitere Talgo-Züge und weitere Strecken sind geplant.

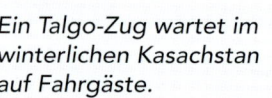

Ein Talgo-Zug wartet im winterlichen Kasachstan auf Fahrgäste.

Die Eisenbahn im Film

Transsiberian

Ein spannender Film voller überraschender Wendungen ist »Transsiberian« auch »Transsiberian – Reise in den Tod«, der 2008 in Peking im fahrenden Transsib gedreht wurde.
Produzent war Julio Fernández, Regie führte Brad Anderson, das Drehbuch schrieben Brad Anderson und Will Conroy. Die Darsteller sind Woody Harrelson, Emily Mortimer, Kate Mara, Eduardo Noriega, Ben Kingsley.

Deutsche Erstaufführung: 2008.

Ein eiskalter Mord in einer eiskalten Gegend. Das amerikanische Ehepaar Roy (Woody Harrelson) und Jessie (Emily Mortimer) reisen mit der Transsibirischen Eisenbahn von Peking nach Moskau. Mit im Abteil sitzen Abby (Kate Mara) und ihr spanischer Freund Carlos (Eduardo Noriega). Carlos hat ein Auge auf Jessie geworfen. Nach einem Stopp verschwindet Roy. Jessie, Abby und Carlos steigen an der nächsten Station aus und wollen auf Roy warten. Carlos und Jessie kommen sich bei einem Ausflug näher, als sie ihn abwehrt, verfolgt er sie. Jessie erschlägt ihn mit einer Zaunlatte. Jessie geht allein ins Hotel zurück und findet dort Roy. Abby sucht nach ihrem Freund.

Zwischenhalt der
Transsibirischen Eisenbahn.

Jessie in Panik.

Der Zug setzt sich mit Roy und Jessie in Bewegung. Jetzt sitzt im Abteil auch Inspektor Grinko (Ben Kingsley), der Drogenschmugglern auf der Spur ist. Voller Unbehagen untersucht Jessie die Matrjoschkas, die Carlos ihr zugesteckt hatte, und findet tatsächlich Heroin. Roy und Jessie übergeben dem Inspektor und seinem Helfer ihren Fund.

Die angeblichen Polizisten suchen nach Carlos und verhören Roy und Jessie, Abby wird gefoltert. In einem unbeaufsichtigten Augenblick verlassen Roy und Jessie den Zug und laufen barfuß durch den Schnee. Sie finden Zuflucht in einem abgestellten Zug, werden aber von Grinko entdeckt. Ein entgegenkommender Zug rammt den Wagen. Dann überschlägt sich die Handlung – bis zum überraschenden Ende, das hier natürlich nicht verraten wird.

Es begann im Blauen Express

Der sowjetische Film »Podjest idjot na Wostok« wurde 1948 in der UdSSR von Mosfilm/Sovexportfilm unter der Regie von Julij Raisman, Drehbuch Leonid Maljugin mit Lydia Dranowskaja und Leonid Galiss gedreht. In Deutschland und Österreich lief die Farbfilm-Komödie unter dem Titel »Es begann im Blauen Express«. In den USA wurde der Film unter dem Titel »The Train Goes East« veröffentlicht. Der Blaue Express (Goluboi ekspress) war ein sowjetischer Sowkino-Revolutionsfilm von 1929 unter der Regie von Ilja Trauberg. Der deutsche Edmund Meisel komponierte die Musik zu diesem Stummfilm.

Die Geschichte des Films »Es begann im Blauen Express« ist schnell erzählt: Am 9. Mai 1945 feiern die Menschen in Moskau den Sieg über Hitler-Deutschland. Nur ungern verlassen zwei Seeleute an diesem Tag die Stadt und fahren mit dem Blauen Express nach Osten, um in Wladiwostok bei der Pazifikflotte ihren Dienst anzutreten. Im Speisewagen des Expresszugs feiern die Passagiere. Kapitän Lawrentjew (Leonid Galiss) hält seine Reisegefährtin Sina Sokolowa (Lydia Dranowskaja), die vorgibt, eine verheiratete Schauspielerin zu sein, für eine leichtfertige Person.

Das Titelbild der Illustrierten Film-Revue, 1948, zeigt eine eindrucksvolle Lokomotive. Sie gehört aber keiner russischen oder sowjetischen Baureihe an, sie ist auch keine ausländische Lok, die in Russland und in der UdSSR eingesetzt waren. Die Lok entsprang der Fantasie des Grafikers.

Sie hingegen hält den Kapitän für eine langweilige Person. Am nächsten Tag verlassen Lawrentjew und Sina den Zug, um mit einem Flugzeug die Reise fortzusetzen. Während des Weiterflugs zwingt aufsteigender Nebel das Flugzeug zur Notlandung in der Taiga. In dieser Notsituation nähern sich der Kapitän und Sina an, aber er glaubt, dass Sina verheiratet ist und verhält sich deshalb abweisend. Die Wetterverhältnisse zwingen beide, ihre Reise mit dem Zug fortzusetzen. Hier während der Fahrt gestehen sie sich ihre Liebe.

Das deutsche Filmplakat von 1948.

Der Stählerne Weg (Turksib)

Dieser legendäre Dokumentarfilm wurde 1929 gedreht und zeigt in beeindruckenden Bildern den Bau der Eisenbahnstrecke von Turkestan (sowjetisches Mittelasien) zur Transsibirischen Eisenbahn. In dem ersten Fünfjahresplan von 1928-1932 gab es in der Anfangszeit drei Großbauprojekte. Das waren neben der Turk-Sib-Bahn das Kraftwerk Dnjeprostroi und der Wolga-Don-Kanal. Der Film von dem jungen russischen Filmemacher Wiktor Turin zeigt neben der weiten Landschaft des südlichen und nördlichen Kasachstans schwer arbeitende Menschen, vor allem gestählte nackte Arbeiterkörper, Jurtensiedlungen und traditionelle Trachten. Unvergessen die Filmszene, in der ein Wettrennen zwischen einem Zug auf der fertigen Bahnstrecke mit Kamelreitern stattfindet.

Anna Seghers 1931 nach ihrer Rückkehr aus der Sowjetunion: »Wer nicht völlig stumpf war, musste aufhorchen, angesichts dieses siegreichen Kampfes gegen die Naturkräfte, der die Menschen zusammenschweißte und vorwärtsstieß, dessen Antrieb weder die Peitsche des Aufsehers war, noch die Angst vor dem Hunger, noch die Hoffnung auf Profit, sondern eine bis dahin in der Geschichte der menschlichen Arbeit unbekannte Kraft.« (Rote Arbeit. Der neue Arbeiter in der Sowjetunion, Berlin 1931.)

Der Film von Wiktor Turin zeigt Bedeutung und Erfolg dieser Bahnverbindung und die Verwandlung des archaischen zum Neuen Menschen bereits 1929 in den russischen Kinos. Die Turk-Sib-Bahn war erst 1930 fertiggestellt.

Bei www.absolutmedien.de wird der Film Turksib – Der Stählerne Weg auf DVD angeboten, in russischer Sprache mit deutschen Untertiteln.

Das Cover der DVD »Der Stählerne Weg«

LITERATURVERZEICHNIS

Bernd Kuhlmann: Russische Züge
auf deutschen Schienen 1945 bis
1994, Berlin 2002.

Witali Alexandrowitsch Rakow:
Russische und Sowjetische Dampflokomotiven, Berlin 1988.

Michael Reimer, Lothar Meyer, Volkmar Kubitzki: Kolonne. Die Deutsche
Reichsbahn im Dienste der Sowjetunion, 2. Auflage Stuttgart 1999.

Victor Freiherr von Röll: Enzyklopädie
des Eisenbahnwesens, Band 8.
WBerlin, Wien 1917.

Günther Ungerbieler: Lokomotiven
für Lenin. Ein epochales deutsch-
sowjetisches Geschäft.
In: Bahn-Epoche, Heft 13 (2015),
S. 20 –29.

J. N. Westwood: Geschichte der
Russischen Eisenbahnen, Zürich
1966.

Ulrich Walluhn: Lokomotiven
und Triebwagen in der SBZ/DDR
1945 – 1950, Stuttgart 2004.

*Endpunkt: Kilometer 9288 auf
dem Bahnsteig in Wladiwostok.*

BILDNACHWEIS

S. 4: Eberhard Urban; S. 6: Wikimedia Commons: Maxim Votyakov (CC BY-SA 3.0); S. 7: Eberhard Urban; S. 8: canstockphoto; S. 9 (2): Eberhard Urban; S. 10: Sammlung E. Urban; S. 12: Wikimedia Commons: United States public domain; S. 13: MNXMY1 mauritius images / Alamy / The Picture Art Collection; S. 14: Wikimedia Commons: Jotelcommons United States public domain; S. 15: Sammlung E. Urban; S. 19 unten: Wikimedia Commons: AMY public domain; S. 19 oben rechts: Wikimedia Commons: ButkoBot public domain; S. 20/21: Wikimedia Commons: Sergey Korovkin 84 (CC BY-SA 3.0); S. 22: Wikimedia Commons: Riwnodennyk (gemeinfrei); S. 23: Andrew Butko; S. 24: Wikimedia Commons: Globbus (CC BY-SA 4.0); S. 25: Wikimedia Commons: Balkanique (public domain); S. 26/27: Wikimedia Commons: Neu-Zwei/Xenotron (CC BY-SA 4.0); S. 28: Wikimedia Commons: Alex Alex (gemeinfrei); S. 29: Eberhard Urban; S. 30: Wikimedia Commons: Sergey Lvovich Levitsky (gemeinfrei); S. 31: Wikimedia Commons: Neizvesten (gemeinfrei); S. 32: Eberhard Urban; S. 33: Wikimedia Commons: Kneiphof (gemeinfrei); S. 34: Wikimedia Commons: Anton n (gemeinfrei); S. 35: mauritius images / Alamy / Azoor Photo; S. 36 oben: mauritius images / Alamy / Realy Easy Star; S. 36 unten: mauritius images / Alamy / BLM Collection; S. 37: Eberhard Urban; S. 38/39: Lerndiee Erlebnisreisen, Foto: Koniuskin; S. 41: mauritius images / Science Source / NYPL; S. 42 links: Wikimedia Commons: Cherubino (CC BY-SA 4.0); S. 42 rechts: Wikimedia Commons: ingen uppgift/ Stockholms stadsmuseum (gemeinfrei); S. 43 links: aus Henri Guilbeaux: Wladimir Iljitsch Lenin. Ein treues Bild seines Wesens. Berlin, 1923, nach S. 48; S. 43 rechts: Wikimedia Commons: Jtaramaa (gemeinfrei); S. 44 links: Wikimedia Commons: Library of Congress /George Grantham Bain Collection (gemeinfrei); S. 44 rechts: Wikimedia Commons: Zentralbibliothek Zürich (gemeinfrei); S. 45 links: Wikimedia Commons: Peterburg23 (gemeinfrei); S. 45 rechts: Wikimedia Commons: ☐ulpe (CC BY-SA 4.0); S. 46: Wikimedia Commons: Smirnov_N. (gemeinfrei); S. 47 links: Wikimedia Commons: P.I.Volkov /Museum der Russischen Revolution (gemeinfrei); S. 47 rechts: mauritius images / United Archives / SCRSS; S. 48: Wikimedia Commons: Grigori Petrowitsch Goldstein (gemeinfrei); S. 49: Wikimedia Commons: Axvik, Axel/ Sjöhistoriska museet Stockholm (CC BY-SA 3.0); S. 50: Wikimedia Commons: Unbekannt/Infinityinfocus

(gemeinfrei); S. 51 oben: Wikimedia Commons: Travb~commonswiki (gemeinfrei); S. 51 unten: Wikimedia Commons: unbekannt (gemeinfrei); S. 52 links: Wikimedia Commons: unbekannt/ Shoorick (public domain); S. 52 rechts: mauritius images / Science Source / NYPL; S. 53: mauritius images / United Archives / SCRSS; S. 54 links: Wikimedia Commons: Great War Primary Document Archive: Photos of the Great War (GNU General Public License 3); S. 54 rechts: Wikimedia Commons: HOBOPOCC (public domain); S. 55: Wikimedia Commons: Leon Leonidov (gemeinfrei); S. 57 links: Wikimedia Commons: TROTSKY INTERNET ARCHIVE / Schaengel89~commonswiki (public domain); S. 57 Mitte: Wikimedia Commons: Isaac McBride / Balabinrm (public domain); S. 57 rechts: Wikimedia Commons: TROTSKY INTERNET ARCHIVE / Schaengel89~commonswiki (public domain); S. 58: Wikimedia Commons: Bundesarchiv, Bild 183-R15068 (CC-BY-SA 3.0); S. 59: Wikimedia Commons: Erikdada (CC BY-SA 4.0); S. 61: mauritius images / SuperStock / Fine Art Images; S. 62: mauritius images / United Archives / SCRSS; S. 63: mauritius images / United Archives / SCRSS; S. 64: Wikimedia Commons: Artyomka (public domain); S. 65: Werkfoto/Eisenbahnstifung/ Sammlung Johannes Glöckner; S. 66: ETM St. Petersburg/ Eisenbahnstiftung; S. 67 oben: Wikimedia Commons: Mil.ru (CC BY 4.0); S. 67 unten: Wikimedia Commons: unbekannt /Archiv des Moskauer Eisenbahnmuseums/ Alex Alex Lep (public domain); S. 68: Wikimedia Commons: George Shuklin (CC-BY-SA-2.5); S. 69 oben: Wikimedia Commons: Zimin Vas (CC BY-SA 3.0); S. 69 unten; S. 70: Wikimedia Commons: unbekannt /Archiv des Lokomotivdepot-Museums in Atkarsk/ Alex Alex Lep (public domain); S. 71 oben: Wikimedia Commons: unbekannt/Fotoarchiv Luganskteplovoz/Alex Alex Lep (public domain); S. 71 unten links: Wikimedia Commons: unbekannt/ Rakov V.A. »Lokomotiven der Hausbahnen 1845-1955«/Alex Alex Lep (public domain); S. 71 unten rechts: Wikimedia Commons: unbekannt/Album der Lokomtiven und Pässe/Alex Alex Lep (public domain); S. 72 oben: Wikimedia Commons: LHOON (CC BY-SA 2.0); S. 72 unten: Zeichnung: Uwe Jarchow; S. 73 oben: Wikimedia Commons: unbekannt / Archiv des Werkes Kolomna / Alex Alex Lep (public domain); S. 73 unten: Wikimedia Commons: unbekannt / Archiv der Fabrik in Lugansk / Alex Alex Lep (public domain); S. 74 oben links: Wikimedia Commons: unbekannt / Archiv der Fabrik in Lugansk / Alex Alex Lep (public

domain); S. 74 oben rechts: Wikimedia Commons: unbekannt / Zentrales Museum für Eisenbahnverkehrsarchive der Russischen Föderation / Alex Alex Lep (public domain); S. 74 Mitte: Zeichnung: Wikimedia Commons: unbekannt / Album der Lokomotiven und Pässe / Alex Alex Lep (public domain); S. 74 unten: Zeichnung: Uwe Jarchow; S. 75 oben: Wikimedia Commons: Dezidor (CC BY 3.0); S. 75 unten: Eberhard Urban; S. 76: Slg. Töpelmann, Archiv transpress; S. 76 unten: Zeichnung: Uwe Jarchow; S. 77: Wikimedia Commons: unbekannt/ Topory (public domain); S. 78: mauritius images / SuperStock / Fine Art Images; S. 79 links: Eberhard Urban; S. 79 rechts: mauritius images / United Archives / SCRSS; S. 80 links: Wikimedia Commons: Post of Kazakhstan/Butko (public domain); S. 80 rechts: Wikimedia Commons: unbekannt/ Staatliches Museum für politische Geschichte Russlands / George Shuklin (public domain); S. 81: mauritius images / SuperStock / Fine Art Images; S. 83 links: Eberhard Urban; S. 85 links: Wikimedia Commons: Vmenkov (CC BY-SA 3.0); S. 85 rechts: Wikimedia Commons: mishaKa (CC BY-SA 3.0); S. 87 oben: Wikimedia Commons: Vmenkov (CC BY-SA 3.0); S. 87 unten: Wikimedia Commons: Vmenkov (CC BY-SA 3.0); S. 88: Wikimedia Commons: Petar Milošević (CC BY-SA 4.0); S. 89: Wikimedia Commons: Vmenkov (CC BY-SA 3.0); S. 90: L. Schuster, München; Sammlung Reinhard Schulz; S. 91: mauritius images / Alamy / Peter Horree; S. 92 links: Below, Stettin; Sammlung Reinhard Schulz; S. 92 rechts: Donath, Berlin; Sammlung Reinhard Schulz; S. 93 links: W. Steiner, Berlin; Sammlung Reinhard Schulz; S. 93 rechts: M. Ittenbach, Berlin; Sammlung Reinhard Schulz; S. 94: M. Ittenbach, Berlin; Sammlung Reinhard Schulz; S. 95 links: Hollnagel, Hamburg; Sammlung Reinhard Schulz; S. 95 rechts: Eberhard Urban; S. 96 links: Fritz Korte, Berlin; Sammlung Reinhard Schulz; S. 96 rechts: L. Schuster, München; Sammlung Reinhard Schulz; S. 97: Hollnagel, Hamburg; Sammlung Reinhard Schulz; S. 99: Wikimedia Commons: Transmashholding; S. 100: SPUTNIK / Alamy Stock Photo; S. 101: SPUTNIK / Alamy Stock Photo; S. 102 links: mauritius images / Alamy / Ivan Vdovin; S. 102 oben rechts: Wikimedia Commons: Transmashholding; S. 102 unten: Wikimedia Commons: Glucke (CC BY-SA 3.0); S. 103: Wikimedia Commons: Afonin (CC BY-SA 3.0); S. 104: Wikimedia Commons: LxAndrew (CC BY-SA 3.0); S. 105 links: Wikimedia Commons: LxAndrew (CC BY-SA 4.0); S. 105 rechts: Wikimedia Commons: LxAndrew (CC BY-SA 3.0); S. 107: Slg. Bundesarchiv

Stiftung Archiv der Parteien und Massenorganisationen der ehem. DDR Berlin, Bildarchiv; S. 108: Rainer Haefke; S. 109: Wolfgang Schraenkler; S. 110: Michael Hafenrichter; S. 111 oben: Rüdiger Pinnig; S. 111 unten links: Leonhard Grundwald; S. 111 unten rechts: Marco Osterland; S. 112: mauritius images / United Archives / SCRSS; S. 113: Wikimedia Commons Roehrensee (CC BY-SA 3.0) S. 114: unbekannt; S. 116: Wikimedia Commons: LxAndrew (CC BY-SA 4.0); S. 117: Wikimedia Commons: Ilja Tschernischew (CC BY 3.0); S. 118: Wikimedia Commons: Dmitry Sutyagin (CC BY 2.5); S. 119 links: Wikimedia Commons: Smolov Ilya (CC BY-SA 3.0); S. 119 rechts: Wikimedia Commons: Artem Svetlov (CC BY 2.0); S. 120 links: unbekannt; S. 120 rechts: Wikimedia Commons: MBxd1 (CC BY-SA 3.0); S. 121: Wikimedia Commons: Andshel (CC BY-SA 3.0); S. 122 links: Wikimedia Commons: Ann Lov4eva (CC BY-SA 4.0); S. 122 rechts: Wikimedia Commons: Alexander Savin (Free Art License 1.3); S. 123: Wikimedia Commons: Alexander Savin (Free Art License 1.3); S. 124: Lerndiee Erlebnisreisen/Foto Christopher Schmid; S. 126: Lerndiee/Foto Georgiy Konyushkin; S. 127: Lerndiee/Foto Georgiy Konyushkin; S. 128 links: Lerndiee/Foto Semonoff; S. 128 rechts: Foto Lerndiee; S. 129: Lerndiee/Foto Batkhurel; S. 130: Lerndiee/Foto Ivan Shapovalov (links); S. 131: Lerndiee/Foto Roland Jung (rechts); S. 132: Georgiy Konyushkin; S. 133: Lerndiee/Foto Roland Jung; S. 135 rechts: Wikimedia Commons: Peter Kersten (CC BY-SA 4.0); S. 134/135: Lerndiee7Foto Georgiy Konyushkin; S. 136/137: Lerndiee/Foto Ivan Shapovalov (linsk) Natalia Meiseheit (rechts); S. 138: Lerndiee/Foto Axel Scheibe; S. 139: Lerndiee/Foto Andreas Drouve; S. 140: Wikimedia Commons: Peter Kersten (CC BY-SA 4.0); S. 141: Foto Lerndiee; S. 142 links: Wikimedia Commons: Woudloper (gemeinfrei); S. 142 rechts: Wikimedia Commons: Aladux (CC BY-SA 3.0); S. 143 links: Wikimedia Commons: Brams (gemeinfrei); S. 143 oben rechts: Wikimedia Commons: Peter Kersten (CC BY-SA 4.0); S. 143 unten: Wikimedia Commons: Peter Kersten (CC BY-SA 4.0); S. 144/145: Lerndiee/Foto Ross Hillier; S. 146/147: Lerndiee/Foto Ross Hillier (links und rechts); S. 148/149: Foto Talgo; S. 154: absolut Medien, Fridolfing; S. 155: Wikimedia Commons: Toen96 (CC BY 3.0); S. 157 links: Susanne Urban; S. 157 oben rechts: Claudia König; S. 158: Wikimedia Commons: www.m-hesse.com (CC BY-SA 3.0 DE)

Nicht alle Rechteinhaber der Abbildungen konnten ermittelt werden. Sie werden gebeten, sich an den Verlag zu wenden.

Eberhard Urbans Schreibtisch

Frankfurter Buchmesse 2017: Kristiane Müller-Urban und Eberhard Urban

EIN ÜBERZEUGUNGSTÄTER: BÜCHER AUS LEIDENSCHAFT

Eberhard Urban erlebt das Erscheinen seines Buches, das allein seine Idee war und das ihm so am Herzen lag, leider nicht mehr. Unerwartet verstarb er nach kurzer schwerer Krankheit am 18. Juni 2019, kurz vor Vollendung seines 77. Lebensjahres.

Bis zum Schluss saß er an seinem Schreibtisch: Sowjetische und russische Eisenbahntexte lagen dort sowie Texte für einen großen Kunstkalender, den er über 40 Jahre betextete, die Bilder aussuchte und den Druck überwachte. Denn das war sein Leben: Zeitung lesen, Bücher schreiben, Kalender machen, Musik hören, Geschichten erzählen, Bilder sammeln, Familie zusammenhalten.

Ein Teil des Manuskriptes lag bereits vor, der Rest als Konzept. Kristiane Müller-Urban, die immer im Team mit ihrem Mann arbeitete, hat das Buch auf dieser Grundlage und in seinem Sinne – unterstützt vom Verlagslektor Hartmut Lange – fertiggestellt.

Der »Rossija« hält in Mogatscha bei einer Außentemperatur von unter -40° C.

WEITERE INTERESSANTE BÜCHER ZUM THEMA

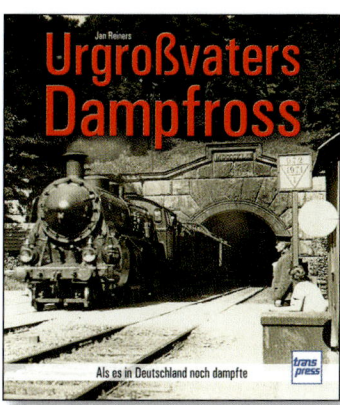

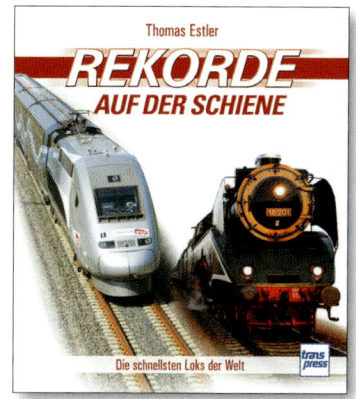

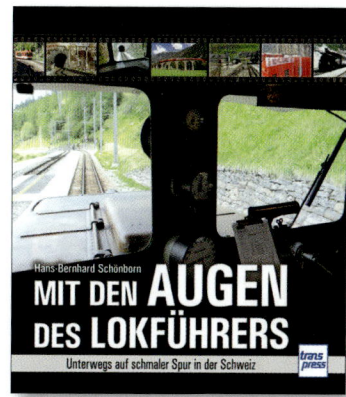

Um dem Leser den Wandel und die verschiedenen Varianten der Antriebstechniken bei Dampfloks näherzubringen, erläutert Jan Reiners die vier Grundtypen, die im Anschluss anhand verschiedener Beispiele gezeigt werden.

144 Seiten, 196 Abbildungen,
Format 230 x 265 mm
ISBN 978-3-613-71537-0
€ 19,95 / € (A) 20,60

1977 endete bei der Deutschen Bundesbahn der planmäßige Einsatz von Dampflokomotiven. Dieser Bildband würdigt die letzten Jahrzehnte der Dampftraktion in Westdeutschland.

160 Seiten, 220 Abbildungen,
Format 230 x 265 mm
ISBN 978-3-613-71570-7
€ 29,90 / € (A) 30,80

1988 zog die Güterzugdampflok 50 3559 den letzten planmäßigen Dampfzug auf normalspurigen Gleisen. Dieser Band erweckt die vergangene Dampfbahn-Atmosphäre erneut zum Leben.

176 Seiten, 162 Abbildungen, Format 305 x 240 mm
ISBN 978-3-613-71566-0
€ 29,90 / € (A) 30,80

Die Eisenbahn beschleunigte das Leben der Menschen, was auch bei Eisenbahngesellschaften und Lokomotivherstellern zu einer Jagd nach Geschwindigkeit führte. Thomas Estler beschreibt die schnellsten Loks von den Anfängen bis heute.

160 Seiten, 187 Abbildungen,
Format 230 x 265 mm
ISBN 978-3-613-71527-1
€ 29,90 / € (A) 30,80

Die Rhätische Bahn und die Matterhorn-Gotthard-Bahn bilden das größte Meterspurnetz der Schweiz. Dieser Bildband zeigt das Streckennetz – anders als andere Bücher – aus zwei Perspektiven: aus der Außenansicht und der Sicht des Lokführers.

176 Seiten, 446 Abbildungen,
Format 230 x 265 mm
ISBN 978-3-613-71557-8
€ 29,90 / € (A) 30,80

»Beim Niesen, Husten, Spucken bediene Dich des Taschentuches'« mit solchen und anderen Hinweisen forderten die Straßen- und Eisenbahngesellschaften schon Anfang des 20. Jahrhunderts ihre Fahrgäste zu einem angemessenen Benehmen auf.

96 Seiten, 95 Abbildungen, Format 185 x 125 mm
ISBN 978-3-613-71463-2
€ 9,95 / € (A) 10,30

Stand Oktober 2019
Änderungen in Preis und Lieferfähigkeit vorbehalten.

Überall, wo es Bücher gibt oder unter
WWW.TRANSPRESS-VERLAG.DE
Service-Hotline: 0711 / 78 99 21 51

WEITERE INTERESSANTE BÜCHER ZUM THEMA

Ein Muss für Eisenbahnromantiker mit Informationen über mehr als 300 Museumsbahnen aus Deutschland, Österreich und der Schweiz, Polen, Tschechien und den Benelux-Ländern.

208 Seiten, 300 Bilder,
Format 170 x 240 mm
ISBN 978-3-613-71581-3
€ 19,95 / € (A) 15,40

Dieses Buch beschreibt die Geschichte der Eisenbahn und ihre Bedeutung für die Entwicklung Amerikas und blickt dabei über die Grenzen in Nord und Süd nach Kanada und Mexiko.

160 Seiten, 130 Abbildungen, Format 305 x 240 mm
ISBN 978-3-613-71569-1
€ 29,90 / € (A) 30,80

Eberhard Urban und Kristiane Müller-Urban schlagen einen Bogen von der Historie der Eisenbahn bis in die Jetztzeit und geben gleichzeitig Tipps, wo man noch heute im Stile des goldenen Zeitalters reisen kann.

160 Seiten, 323 Abbildungen, Format 305 x 240 mm
ISBN 978-3-613-71544-8
€ 29,90 / € (A) 30,80

Stand Oktober 2019
Änderungen in Preis und
Lieferfähigkeit vorbehalten.

Überall, wo es Bücher gibt oder unter
WWW.TRANSPRESS-VERLAG.DE
Service-Hotline: 0711 / 78 99 21 51